Piri Wörterbuch

für die Grundschule

Auf Basis der Ausgabe von

Beate Eckert-Kalthoff
Karl-Heinz Klaas

Ernst Klett Verlag
Stuttgart • Leipzig

Klasse 1/2

Klasse 3/4

Hinweise für Eltern

Der Grundschulwortschatz in diesem Wörterbuch ist aufgeteilt in zwei Wörterlisten:

- Wörterliste für die Klassen 1/2
- Wörterliste für die Klassen 3/4

Beide Wörterlisten sind alphabetisch aufgebaut, die Griffleisten am Seitenrand erleichtern das Auffinden der richtigen Anfangsbuchstaben.
In der Wörterliste für die Klassen 1/2 sind die Wortarten in unterschiedlichen Farben abgedruckt: Nomen, Verben, Adjektive, andere Wörter.
In der Wörterliste für die Klassen 3/4 wird durch senkrechte Trennstriche (|) dargestellt, wo ein Wort nach den Rechtschreibregeln getrennt werden kann (diese unterscheiden sich manchmal von der Sprechsilbe).

Der Einsatz eines Wörterbuches erfolgt in der Regel, wenn die Kinder das Alphabet kennen.
Das richtige Nachschlagen wird den Kindern auf den Seiten 6/7 (Klasse 1/2) und 90/91 (Klasse 3/4) vorgestellt.

Mit spielerischen Suchaufgaben können Sie mit Ihrem Kind den Umgang mit dem Wörterbuch trainieren, z. B.:

- Welcher Buchstabe kommt vor F (J, K, P, W, ...)?
  Welcher Buchstabe kommt danach?

- Auf welcher Seite im ersten Teil beginnt der Buchstabe C (G, R, M, T, Y, ...)?
- Welches Wort steht vor dem Wort „Füller“ („Polizistin“, „Uhr“, ...)?
- Welches Wort steht nach dem Wort „Igel“ („Krokodil“, „Tiger“, ...)?
- Auf welchen Seiten im ersten Teil findest du diese Wörter? „sparen“, „Sport“, „stellen“, „Stein“
- Suche ein Wort, das so beginnt: Co (Mü, Spa, ...). Achte auch auf den 2. Buchstaben.
- Suche die Wochentage (Monate) und notiere sie mit der Seitenzahl.
- Unter welchem Stichwort findest du diese Wörter? „Bänke“ (bei: „Bank“), „kommt“ (bei „kommen“), „dünner“ (bei „dünn“)
- In welcher Reihenfolge stehen diese Wörter in der Wörterliste? Achte auch auf den 2. Buchstaben: „Keller“, „Kranz“, „Knochen“, „Kamel“
- In welcher Reihenfolge stehen diese Wörter in der Wörterliste? Achte auch auf den 3. Buchstaben: „Geist“, „Gefahr“, „Geschirr“, „Gesang“

Für Ihr Kind gibt es auf den Seiten 8 bis 15 (Klasse 1/2) und 92 bis 99 (Klasse 3/4) wichtige Tipps und Hilfen zur Rechtschreibung.
Weitere Hinweise zum Aufbau der Wörter, zu Wortarten und Wortfeldern finden sich auf den Seiten 222 bis 224.

So kannst du Wörter nachschlagen

Wenn du wissen willst, wie du ein Wort schreiben musst oder einen Text überarbeiten willst, kannst du in diesem Wörterbuch nachschlagen. Auf den Seiten 16 bis 88 sind alle Wörter nach dem ABC geordnet.

A B C D E	Wenn ich in die Schule geh,
F G H I J	lern ich gern und flott,
K L M N O	bin ich ganz schön froh:
P Q R S T	Ich kann das ABC.
U V W X Y Z	Das find ich richtig nett!

Am Seitenrand sind die Buchstaben untereinander angeordnet. Der Buchstabe, den du auf dieser Seite findest, ist hervorgehoben.

Hier stehen Wörter mit dem Anfangsbuchstaben B oder b. Wenn du das Wort **Bild** suchst, musst du nicht alle Wörter mit B/b lesen. Achte auch auf den zweiten Buchstaben B i ...

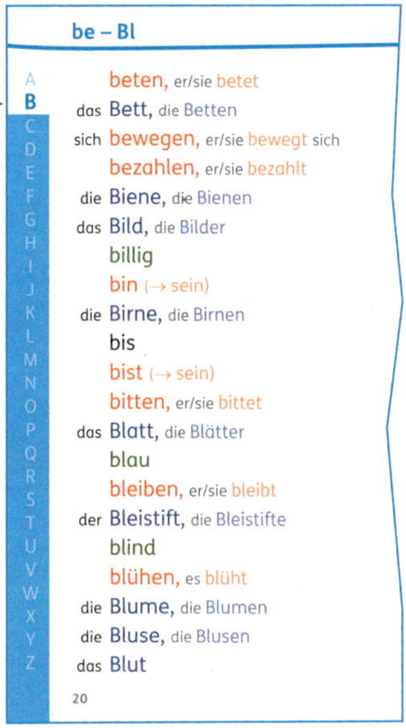

be – Bl

A **B** C D E F G H I J K L M N O P Q R S T U V W X Y Z

beten, er/sie betet
das Bett, die Betten
sich bewegen, er/sie bewegt sich
bezahlen, er/sie bezahlt
die Biene, die Bienen
das Bild, die Bilder
billig
bin (→ sein)
die Birne, die Birnen
bis
bist (→ sein)
bitten, er/sie bittet
das Blatt, die Blätter
blau
bleiben, er/sie bleibt
der Bleistift, die Bleistifte
blind
blühen, es blüht
die Blume, die Blumen
die Bluse, die Blusen
das Blut

20

Die Buchstaben über der roten Linie zeigen, wie das erste und das letzte Wort auf dieser Seite beginnt.

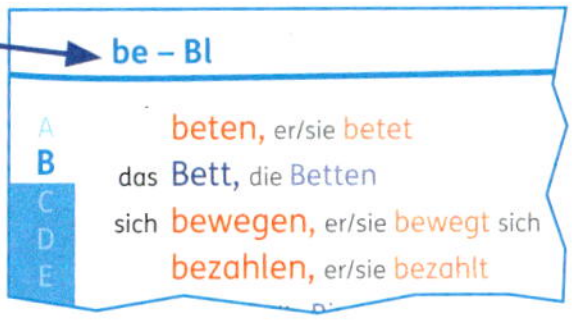
be – Bl

A
B
C
D
E

beten, er/sie betet
das Bett, die Betten
sich bewegen, er/sie bewegt sich
bezahlen, er/sie bezahlt

Jedes Wort hat eine bestimmte Farbe:
Nomen, Verben, Adjektive, andere Wörter.
Bei Verben siehst du zuerst immer die Grundform (arbeiten) und bei Nomen die Einzahl (der Arm).
Dahinter sind verwandte Wörter abgedruckt:

- Verben in einer Personalform (er/sie arbeitet oder es blüht)
- und Nomen in der Mehrzahl (die Arme).

Auch bei manchen Adjektiven findest du ein verwandtes Wort (ärmer).

So kannst du Wörter richtig schreiben

Wörter mitsprechen und Silben schwingen

Die meisten Wörter schreibst du so, wie du sie sprichst. Damit du keinen Buchstaben vergisst, sprich deutlich und schwinge die Silben.

Jede Silbe hat einen König (Vokal, Umlaut oder Zwielaut):

am   Eu ro   Ge mü se   Scho ko la de

Steht der König am Ende der ersten Silbe, klingt er lang und deutlich: Blu me   Au to   ü ber

Hörst du einen langen i-Laut am Ende einer Silbe, schreibst du meistens **ie**: Wie se   lie ben   sie ben

Steht der König in der Mitte der ersten Silbe, klingt er kurz und undeutlich: Kis te   Wol ke   fin den

Hörst du nach einem kurzen Vokal nur einen Konsonanten, musst du ihn verdoppeln:
Fül ler   kön nen   al le

Auch ein **r** am Ende einer Silbe kannst du besser hören, wenn du in Silben sprichst: Bir ne   Gar ten   ar bei ten

Das e in den Wortbausteinen **-en** und **-el** am Ende eines Wortes ist schlecht zu hören.
Kontrolliere, ob in jeder Silbe ein König ist:

Re gen   ru fen | E sel   dun kel

Hörst du am Wortende ein schwaches a, musst du meistens **-er** schreiben: Bru der   Fe der   je der

Manche Buchstaben verbinden sich mit anderen.
Dann hörst du etwas anderes als du schreiben musst.

Ei/ei: das **Ei**s, f**ei**n, r**ei**sen, ...
Eu/eu: der **Eu**ro, n**eu**, n**eu**n, ...
Sp/sp: der **Sp**ort, **sp**annend, **sp**ielen, ...
St/st: der **St**ein, **st**ill, **st**reiten, ...
Sch/sch: die **Sch**ule, fri**sch**, **sch**neiden, ...
Pf/pf: die **Pf**lanze, der To**pf**, klo**pf**en, ...
Qu/qu: die **Qu**elle, der **Qu**atsch, **qu**älen, ...
-ng: der Ri**ng**, e**ng**, si**ng**en, ...
-nk: die Ba**nk**, kra**nk**, tri**nk**en, ...
-ch: die Wo**ch**e, ho**ch**, ma**ch**en, ...

Wörter verlängern

In manchen Wörtern kannst du nicht alle Buchstaben und Laute gut hören.
Manche Laute kannst du deutlicher hörbar machen, wenn du die Wörter verlängerst:

ein Be**tt**	viele Be**t** **t**en	to**ll**	to**l** **l**er

Diese Buchstaben am Wortende klingen oft gleich:
b – p, d – t, g – k.
So kannst du den richtigen Buchstaben hörbar machen:

ein Sie**b**	viele Sie **b**e	lie**b**	lie **b**er
ein Bil**d**	viele Bil **d**er	lusti**g**	lus ti **g**er
ein Ta**g**	viele Ta **g**e	wil**d**	wil **d**er

Auch **ng** und **nk** klingen am Wortende oft gleich.
Verlängere auch diese Wörter.

eine Ban**k**	viele Bän **k**e	en**g**	en **g**e Straße
kran**k**	kran **k**e Kinder		

Bei Wörtern mit einer Silbe kannst du ein **r** nach einem Vokal nicht gut hören. Suche ein verwandtes Wort mit zwei Silben:

ein A**r**m — viele A**r** me

ein Wo**r**t — viele Wö**r** ter

schwa**r**z — schwa**r** ze

Bei manchen Verben mit einer Silbe kannst du nicht alle Laute und Buchstaben gut hören. Verlängere, indem du die Grundform bildest:

er ko**mm**t — ko**m** **m**en

er blei**b**t — blei **b**en

sie sa**g**t — sa **g**en

er da**r**f — dü**r** fen

Ein lang gesprochenes i am Ende einer Silbe wird meistens ie geschrieben. Prüfe Wörter mit einer Silbe, indem du sie verlängerst:

ein Sp**ie**l — viele Sp**ie** le

ein T**ie**r — viele T**ie** re

t**ie**f — t**ie** fer

er l**ie**bt — l**ie** ben

Verwandte Wörter suchen

Manche Laute klingen gleich: **ä** – **e**, **äu** – **eu**.
Wenn es ein verwandtes Wort aus der Wortfamilie mit **a** oder **au** gibt, schreibst du **ä** oder **äu**.

der B**ä**cker – b**a**cken, also ä
h**ä**ngen – der H**a**ng, also ä
kr**ä**ftig – die Kr**a**ft, also ä

tr**äu**men – der Tr**au**m, also äu
l**äu**ten – l**au**t, also äu

Bei manchen Verben wird **a** zu **ä** oder **au** zu **äu**.
Prüfe die Grundform:

er l**ä**sst – l**a**ssen, also ä
sie f**ä**ngt – f**a**ngen, also ä
er l**äu**ft – l**au**fen, also äu

Bei manchen Nomen wird in der Mehrzahl **a** zu **ä** oder **au** zu **äu**. Prüfe die Einzahl:

die M**ä**nner – der M**a**nn, also ä
die M**äu**se – die M**au**s, also äu

Verwandte Wörter haben einen gemeinsamen Wortstamm. Sie werden ähnlich geschrieben.

schwimmen	sie **schwimm**t, der **Schwimm**er, das **Schwimm**bad, ...
schreiben	er **schreib**t, auf**schreib**en, der **Schreib**tisch, das **Schreib**heft, ...
fahren	sie **fähr**t, weg**fahr**en, der **Fahr**er, das **Fahr**rad, ...
Freund	die **Freund**in, die **Freund**schaft, **freund**lich, an**freund**en, ...
Wasser	der **Wasser**fall, das Ge**wässer**, das Mineral**wasser**, ...
gelb	**gelb**lich, das Ei**gelb**, gold**gelb**, ...
süß	**süß**lich, die **Süß**igkeit, zucker**süß**, ...

Wörter merken

Manche Wörter musst du dir merken, weil sie eine Merkstelle haben, die du nicht mit einem der Tricks überprüfen kannst.

ß: der Fu**ß**, hei**ß**en, gro**ß**, ...
tz: si**tz**en, die Ka**tz**e, Sa**tz**, ...
ck: di**ck**, ba**ck**en, der Ro**ck**, ...
C/c: der **C**ent, der **C**omputer, ...
Y/y: das **Y**psilon, das Bab**y**, ...
X/x: das **X**ylofon, die He**x**e, ...
V/v: der **V**ater, **v**ier, **v**oll, ...
Wörter mit den **Wortbausteinen** vor- und ver- werden mit **V/v** geschrieben: der **V**orname, **v**orsichtig, das **V**erbot, **v**ergessen, ...
ai: der H**ai**, der M**ai**, ...
ä ohne verwandtes Wort mit a: das M**ä**dchen, der B**ä**r, ...
Wörter mit nicht hörbarem **h**: der Za**h**n, wo**h**nen, er ge**h**t, i**h**m, i**h**r, ...

Merke dir auch die kleinen Wörter, die du oft brauchst:
als, durch, im, sie, und, ...

Nomen großschreiben

Menschen, Tiere, Dinge und Pflanzen haben Namen.
Das sind Nomen. Sie werden großgeschrieben.
Mädchen, **E**sel, **S**ofa, **R**ose

Nomen haben einen Artikel: der, die, das oder ein, eine.
das Kind, **der** Tiger, **die** Blume
ein Tisch, **eine** Puppe

Nomen gibt es in der Einzahl und in der Mehrzahl.
Der Artikel in der Mehrzahl heißt immer **die**.

der Hund — die Hunde
die Torte — die Torten
das Auto — die Autos
ein Schaf — die Schafe
eine Oma — die Omas

Wenn du unsicher bist, ob ein Wort ein Nomen ist, prüfe, ob du einen Artikel davorsetzen kannst.

A a

ab
der Abend, die Abende
abends
aber
der Abfall, die Abfälle
acht
achtzehn
achtzig
der Advent
der Affe, die Affen
alle
allein
alles
als
also
alt, älter
am
die Ameise, die Ameisen
die Ampel, die Ampeln

an
eine **andere**, ein anderer/anderes
der **Anfang**, die Anfänge
anfangen, er/sie fängt an
die **Angst**, die Ängste
der **Anorak**, die Anoraks
anrufen, er/sie ruft an
die **Antwort**, die Antworten
antworten, er/sie antwortet
der **Apfel**, die Äpfel
der **April**
die **Arbeit**, die Arbeiten
arbeiten, er/sie arbeitet
der **Ärger**
sich **ärgern**, er/sie ärgert sich
arm, ärmer
der **Arm**, die Arme
der **Arzt**, die Ärzte
die **Ärztin**, die Ärztinnen
der **Ast**, die Äste
auch

auf

die Aufgabe, die Aufgaben

aufpassen, er/sie passt auf

das Auge, die Augen

der August

aus

das Auto, die Autos

B b

das Baby, die Babys

der Bach, die Bäche

backen, er/sie backt/bäckt

der Bäcker, die Bäcker

die Bäckerin, die Bäckerinnen

das Bad, die Bäder

baden, er/sie badet

die Badewanne, die Badewannen

der Bahnhof, die Bahnhöfe

bald

der **Ball,** die Bälle

die **Banane,** die Bananen

die **Bank,** die Bänke

der **Bär,** die Bären

basteln, er/sie bastelt

der **Bauch,** die Bäuche

bauen, er/sie baut

der **Bauer,** die Bauern

die **Bäuerin,** die Bäuerinnen

der **Bauernhof,** die Bauernhöfe

der **Baum,** die Bäume

bei

beide

das **Bein,** die Beine

beißen, er/sie beißt

bekommen, er/sie bekommt

bellen, er/sie bellt

der **Berg,** die Berge

der **Beruf,** die Berufe

der **Besen,** die Besen

besuchen, er/sie besucht

A
B
C
D
E
F
G
H
I
J
K
L
M
N
O
P
Q
R
S
T
U
V
W
X
Y
Z

beten, er/sie betet
das Bett, die Betten
sich bewegen, er/sie bewegt sich
bezahlen, er/sie bezahlt
die Biene, die Bienen
das Bild, die Bilder
billig
bin (→ sein)
die Birne, die Birnen
bis
bist (→ sein)
bitten, er/sie bittet
das Blatt, die Blätter
blau
bleiben, er/sie bleibt
der Bleistift, die Bleistifte
blind
blühen, es blüht
die Blume, die Blumen
die Bluse, die Blusen
das Blut

bluten, er/sie blutet
die Blüte, die Blüten
der Boden, die Böden
das Boot, die Boote
böse
brauchen, er/sie braucht
braun
brechen, er/sie bricht
breit
brennen, es brennt
der Brief, die Briefe
die Brille, die Brillen
bringen, er/sie bringt
das Brot, die Brote
das Brötchen, die Brötchen
der Bruder, die Brüder
der Bub, die Buben
das Buch, die Bücher
bunt
der Busch, die Büsche
die Butter

C c

der Cent, die Cent/Cents
der Christ, die Christen
die Christin, die Christinnen
der Christbaum, die Christbäume
das Christkind
der Clown, die Clowns
der Comic, die Comics
der Computer, die Computer
der Cowboy, die Cowboys

D d

da
dabei
das Dach, die Dächer
dafür
damals
die Dame, die Damen

damit
danach
danken, er/sie dankt
dann
darin
darum
das
der Daumen, die Daumen
davor
die Decke, die Decken
dein, deine, deiner
der Delfin, die Delfine
dem
den
denken, er/sie denkt
denn
der
des
deshalb
deutsch
Deutschland

der Dezember

dich

dicht

dick

die

der Dienstag, die Dienstage

diese, dieser, dieses

das Diktat, die Diktate

der Dinosaurier, die Dinosaurier

dir

doch

der Donnerstag, die Donnerstage

das Dorf, die Dörfer

dort

die Dose, die Dosen

der Drachen, die Drachen

draußen

dreckig

drei

dreißig

dreizehn

drücken, er/sie drückt

du

dunkel

dünn

durch

dürfen, er/sie darf

der Durst

durstig

duschen, er/sie duscht

E e

echt

die Ecke, die Ecken

eckig

egal

das Ei, die Eier

der Eimer, die Eimer

ein, eine, einer

einfach

A B C D **E** F G H I J K L M N O P Q R S T U V W X Y Z

einkaufen, er/sie kauft ein
einladen, er/sie lädt ein
einmal
eins
einsam
das Eis
die Eisenbahn, die Eisenbahnen
der Elefant, die Elefanten
elf
der Elfmeter, die Elfmeter
die Eltern
das Ende, die Enden
endlich
eng
der Engel, die Engel
entdecken, er/sie entdeckt
die Ente, die Enten
sich entschuldigen, er/sie entschuldigt sich
er
die Erbse, die Erbsen
die Erdbeere, die Erdbeeren

die **Erde**
erfinden, er/sie erfindet
erlauben, er/sie erlaubt
erst
erste, erster, erstes
erzählen, er/sie erzählt
es
der **Esel**, die Esel
essen, er/sie isst
etwa
etwas
euch
euer, eure
die **Eule**, die Eulen
der **Euro**, die Euros
Europa
das **Euter**, die Euter

A B C D E **F** G H I J K L M N O P Q R S T U V W X Y Z

Ff

die Fahne, die Fahnen

fahren, er/sie fährt

das Fahrrad, die Fahrräder

die Fahrt, die Fahrten

fallen, er/sie fällt

falsch

falten, er/sie faltet

die Familie, die Familien

fangen, er/sie fängt

die Farbe, die Farben

fast

faul

der Februar

die Feder, die Federn

die Fee, die Feen

fehlen, er/sie fehlt

der Fehler, die Fehler

die Feier, die Feiern

feiern, er/sie feiert

fein

das Feld, die Felder

das Fenster, die Fenster

die Ferien

fernsehen, er/sie sieht fern

der Fernseher, die Fernseher

fertig

fest

das Fest, die Feste

fett

das Feuer, die Feuer

der Film, die Filme

finden, er/sie findet

der Finger, die Finger

der Fisch, die Fische

flach

die Flasche, die Flaschen

das Fleisch

fleißig

die Fliege, die Fliegen

fliegen, er/sie fliegt

A B C D E **F** G H I J K L M N O P Q R S T U V W X Y Z

fließen, es fließt
flitzen, er/sie flitzt
die Flöte, die Flöten
der Flügel, die Flügel
das Flugzeug, die Flugzeuge
der Fluss, die Flüsse
flüssig
fort
das Foto, die Fotos
die Frage, die Fragen
fragen, er/sie fragt
die Frau, die Frauen
frech
frei
der Freitag, die Freitage
fremd
der Fremde, die Fremden
die Fremde, die Fremden
fressen, er/sie frisst
die Freude, die Freuden
sich freuen, er/sie freut sich

der Freund, die Freunde
die Freundin, die Freundinnen
freundlich
der Frieden
frieren, er/sie friert
frisch
fröhlich
der Frosch, die Frösche
die Frucht, die Früchte
früh
der Frühling, die Frühlinge
fühlen, er/sie fühlt
füllen, er/sie füllt
der Füller, die Füller
fünf
fünfzehn
fünfzig
für
sich fürchten, er/sie fürchtet sich
der Fuß, die Füße
der Fußball, die Fußbälle

A B C D E F **G** H I J K L M N O P Q R S T U V W X Y Z

G g

die **Gabel**, die Gabeln

die **Gans**, die Gänse

das **Gänseblümchen**, die Gänseblümchen

ganz

eine **ganze ...**, ein ganzer/ganzes ...

die **Garage**, die Garagen

die **Gardine**, die Gardinen

der **Garten**, die Gärten

geben, er/sie gibt

der **Geburtstag**, die Geburtstage

die **Gefahr**, die Gefahren

gefährlich

geheim

das **Geheimnis**, die Geheimnisse

gehen, er/sie geht

die **Geige**, die Geigen

gelb

das **Geld**, die Gelder

gemein
das Gemüse
genau
gerade
gern
das Geschenk, die Geschenke
die Geschichte, die Geschichten
das Gesicht, die Gesichter
das Gespenst, die Gespenster
gestern
gesund, gesünder
die Gesundheit
gewinnen, er/sie gewinnt
das Gewitter, die Gewitter
giftig
die Giraffe, die Giraffen
die Gitarre, die Gitarren
das Glas, die Gläser
glatt
gleich
die Glocke, die Glocken

A B C D E F **G** H I J K L M N O P Q R S T U V W X Y Z

das Glück

glücklich

der Gorilla, die Gorillas

der Gott, die Götter

graben, er/sie gräbt

das Gras, die Gräser

grau

greifen, er/sie greift

grob, gröber

groß, größer

die Großmutter, die Großmütter

der Großvater, die Großväter

grün

gucken, er/sie guckt

das Gummibärchen, die Gummibärchen

die Gurke, die Gurken

der Gürtel, die Gürtel

gut

die Gymnastik

H h

das **Haar**, die Haare

haben, er/sie hat

der **Hagel**

der **Hahn**, die Hähne

der **Hai**, die Haie

halb

hallo

der **Hals**, die Hälse

halten, er/sie hält

der **Hammer**, die Hämmer

der **Hamster**, die Hamster

die **Hand**, die Hände

der **Handschuh**, die Handschuhe

das **Handy**, die Handys

hängen, es hängt

hart, härter

der **Hase**, die Hasen

hässlich

das **Haus**, die Häuser

A B C D E F G **H** I J K L M N O P Q R S T U V W X Y Z

die Hausaufgabe, die Hausaufgaben
die Haut, die Häute
heben, er/sie hebt
die Hecke, die Hecken
das Heft, die Hefte
heimlich
heiraten, er/sie heiratet
heiß
heißen, er/sie heißt
helfen, er/sie hilft
hell
der Helm, die Helme
das Hemd, die Hemden
her
heraus
herbei
der Herbst, die Herbste
herein
der Herr, die Herren
herrlich
herum

herunter
das **Herz**, die Herzen
herzlich
heulen, er/sie heult
heute
die **Hexe**, die Hexen
hier
die **Hilfe**, die Hilfen
die **Himbeere**, die Himbeeren
der **Himmel**
hin
hinauf
hinaus
hinein
hinter
hinterher
das **Hobby**, die Hobbys
hoch, höher
der **Hof**, die Höfe
hoffen, er/sie hofft
hoffentlich

A B C D E F G **H** I J K L M N O P Q R S T U V W X Y Z

holen, er/sie holt
das Holz, die Hölzer
der Honig, die Honige
hören, er/sie hört
der Hort, die Horte
die Hose, die Hosen
das Hotel, die Hotels
hübsch
das Huhn, die Hühner
die Hummel, die Hummeln
der Hund, die Hunde
hundert
der Hunger
hungrig
die Hupe, die Hupen
hüpfen, er/sie hüpft
husten, er/sie hustet
der Hut, die Hüte

I i

ich

die **Idee,** die Ideen

der **Igel,** die Igel

das **Iglu,** die Iglus

ihm

ihn

ihnen

ihr

ihre

im

immer

in

der **Indianer,** die Indianer

innen

ins

die **Insel,** die Inseln

das **Internet**

sich **irren,** er/sie irrt sich

ist (→ sein)

A B C D E F G H I J K L M N O P Q R S T U V W X Y Z

J j

ja

die Jacke, die Jacken

jagen, er/sie jagt

der Jäger, die Jäger

das Jahr, die Jahre

jammern, er/sie jammert

der Januar

jede, jeder, jedes

jemand

jetzt

jubeln, er/sie jubelt

jucken, es juckt

das Judo

der Juli

jung, jünger

der Junge, die Jungen

der Juni

K k

der Käfer, die Käfer

der Kaffee, die Kaffees

der Kaiser, die Kaiser

der Kakao, die Kakaos

der Kaktus, die Kakteen

der Kalender, die Kalender

kalt, kälter

die Kälte

das Kamel, die Kamele

der Kamm, die Kämme

das Känguru, die Kängurus

das Kaninchen, die Kaninchen

die Kanne, die Kannen

kaputt

die Karotte, die Karotten

die Karte, die Karten

die Kartoffel, die Kartoffeln

das Karussell, die Karussells/Karusselle

der Käse

A B C D E F G H I J **K** L M N O P Q R S T U V W X Y Z

der **Kasper**, die Kasper
die **Kastanie**, die Kastanien
der **Kasten**, die Kästen
die **Katze**, die Katzen
kauen, er/sie kaut
kaufen, er/sie kauft
kaum
kein, keine, keiner
der **Keks**, die Kekse
der **Keller**, die Keller
kennen, er/sie kennt
die **Kerze**, die Kerzen
der **Ketchup**, die Ketchups
kichern, er/sie kichert
das **Kind**, die Kinder
das **Kinderzimmer**, die Kinderzimmer
das **Kino**, die Kinos
die **Kirche**, die Kirchen
die **Kirsche**, die Kirschen
die **Kiste**, die Kisten
kitzeln, er/sie kitzelt

klar
die Klasse, die Klassen
der Klassenraum, die Klassenräume
klatschen, er/sie klatscht
das Klavier, die Klaviere
kleben, er/sie klebt
das Kleid, die Kleider
klein
klettern, er/sie klettert
die Klingel, die Klingeln
klingeln, er/sie klingelt
das Klo, die Klos
klug, klüger
knabbern, er/sie knabbert
kneten, er/sie knetet
das Knie, die Knie
der Knochen, die Knochen
der Koch, die Köche
die Köchin, die Köchinnen
kochen, er/sie kocht
der Koffer, die Koffer

komisch

kommen, er/sie kommt

der König, die Könige

die Königin, die Königinnen

können, er/sie kann

das Konzert, die Konzerte

der Kopf, die Köpfe

der Korb, die Körbe

der Körper, die Körper

kosten, es kostet

die Kraft, die Kräfte

kräftig

krank, kränker

die Krankheit, die Krankheiten

das Krankenhaus, die Krankenhäuser

der Kranz, die Kränze

kratzen, es kratzt

das Kraut, die Kräuter

die Kreide, die Kreiden

der Kreis, die Kreise

die Kreuzung, die Kreuzungen

das **Krokodil**, die Krokodile

die **Krone**, die Kronen

die **Küche**, die Küchen

der **Kuchen**, die Kuchen

die **Kuh**, die Kühe

kurz, kürzer

kuscheln, er/sie kuschelt

der **Kuss**, die Küsse

küssen, er/sie küsst

L l

lächeln, er/sie lächelt

lachen, er/sie lacht

der **Laden**, die Läden

das **Lama**, die Lamas

das **Lamm**, die Lämmer

die **Lampe**, die Lampen

das **Land**, die Länder

landen, er/sie landet

lang, länger
langsam
lassen, er/sie lässt
die Laterne, die Laternen
das Laub
laufen, er/sie läuft
laut
läuten, es läutet
leben, er/sie lebt
das Leben, die Leben
lebendig
lecken, er/sie leckt
lecker
leer
legen, er/sie legt
der Lehrer, die Lehrer
die Lehrerin, die Lehrerinnen
leicht
leider
leise
die Leiter, die Leitern

der **Lenker**, die Lenker
lernen, er/sie lernt
lesen, er/sie liest
die **Leute**
das **Lexikon**, die Lexika
die **Libelle**, die Libellen
das **Licht**, die Lichter
lieb
lieben, er/sie liebt
das **Lied**, die Lieder
liegen, er/sie liegt
lila
das **Lineal**, die Lineale
links
die **Lippe**, die Lippen
loben, er/sie lobt
das **Loch**, die Löcher
locker
der **Löffel**, die Löffel
logisch
die **Lokomotive**, die Lokomotiven

A B C D E F G H I J K L M N O P Q R S T U V W X Y Z

los
der Löwe, die Löwen
der Löwenzahn
die Luft, die Lüfte
lügen, er/sie lügt
die Lupe, die Lupen
lustig
der Lutscher, die Lutscher

M m

machen, er/sie macht
das Mädchen, die Mädchen
der Mai
der Mais
mal
malen, er/sie malt
die Mama, die Mamas
man

manchmal
der Mann, die Männer
der Mantel, die Mäntel
das Märchen, die Märchen
der Marienkäfer, die Marienkäfer
der Markt, die Märkte
die Marmelade, die Marmeladen
der März
die Maske, die Masken
die Mathematik
die Matratze, die Matratzen
der Maulwurf, die Maulwürfe
die Maus, die Mäuse
die Medizin
das Meer, die Meere
das Meerschweinchen, die Meerschweinchen
mehr
mein, meine, meiner
meinen, er/sie meint
die Melone, die Melonen
der Mensch, die Menschen

merken, er/sie merkt

messen, er/sie misst

das Messer, die Messer

der Meter, die Meter

mich

die Milch

minus

die Minute, die Minuten

mir

mit

der Mitschüler, die Mitschüler

die Mitschülerin, die Mitschülerinnen

der Mittag, die Mittage

die Mitte

der Mittwoch, die Mittwoche

mögen, er/sie mag

die Möhre, die Möhren

der Monat, die Monate

der Mond, die Monde

das Monster, die Monster

der Montag, die Montage

das **Moor**, die Moore
der **Morgen**, die Morgen
morgen
morgens
der **Motor**, die Motoren
die **Möwe**, die Möwen
die **Mücke**, die Mücken
müde
der **Müll**
der **Mund**, die Münder
murmeln, er/sie murmelt
die **Muschel**, die Muscheln
das **Museum**, die Museen
die **Musik**
müssen, er/sie muss
mutig
die **Mutter**, die Mütter
die **Mütze**, die Mützen

N n

nach
der Nachbar, die Nachbarn
die Nachbarin, die Nachbarinnen
der Nachmittag, die Nachmittage
der Nachname, die Nachnamen
die Nacht, die Nächte
nachts
die Nadel, die Nadeln
der Nagel, die Nägel
nah, näher
nähen, er/sie näht
die Nahrung
der Name, die Namen
der Namenstag, die Namenstage
nämlich
naschen, er/sie nascht
die Nase, die Nasen
das Nashorn, die Nashörner
nass

die Natur
natürlich
der Nebel, die Nebel
neben
neblig
nehmen, er/sie nimmt
neidisch
nein
nennen, er/sie nennt
das Nest, die Nester
nett
neu
neun
neunzehn
neunzig
nicht
nichts
nie
niemand
niesen, er/sie niest
der Nikolaus

A B C D E F G H I J K L M **N** **O** P Q R S T U V W X Y Z

die **Nixe,** die Nixen

noch

normal

die **Not,** die Nöte

der **November**

die **Nudel,** die Nudeln

die **Nummer,** die Nummern

nun

nur

die **Nuss,** die Nüsse

O o

die **Oase,** die Oasen

ob

oben

das **Obst**

obwohl

oder

der Ofen, die Öfen

offen

oft

ohne

das Ohr, die Ohren

der Oktober

die Oma, die Omas

der Onkel, die Onkel

der Opa, die Opas

orange

ordentlich

ordnen, er/sie ordnet

die Orgel, die Orgeln

der Ort, die Orte

das Osterei, die Ostereier

Ostern

A B C D E F G H I J K L M N O **P** Q R S T U V W X Y Z

P p

das Paar, die Paare

packen, er/sie packt

das Paket, die Pakete

die Palme, die Palmen

der Papa, die Papas

der Papagei, die Papageien

das Papier, die Papiere

der Park, die Parks

parken, er/sie parkt

der Partner, die Partner

die Partnerin, die Partnerinnen

die Party, die Partys

passen, es passt

die Pause, die Pausen

das Pech

das Pedal, die Pedale

peinlich

petzen, er/sie petzt

pfeifen, er/sie pfeift

das **Pferd**, die Pferde

Pfingsten

die **Pflanze**, die Pflanzen

pflanzen, er/sie pflanzt

die **Pflaume**, die Pflaumen

pflegen, er/sie pflegt

pflücken, er/sie pflückt

die **Pfote**, die Pfoten

die **Pfütze**, die Pfützen

das **Picknick**, die Picknicke

der **Pilz**, die Pilze

der **Pinguin**, die Pinguine

der **Pinsel**, die Pinsel

die **Pizza**, die Pizzen/Pizzas

der **Planet**, die Planeten

planschen, er/sie planscht

der **Platz**, die Plätze

platzen, es platzt

plötzlich

plus

der **Pokal**, die Pokale

A B C D E F G H I J K L M N O **P** Q R S T U V W X Y Z

der **Polizist**, die Polizisten
die **Polizistin**, die Polizistinnen
die **Pommes frites**
das **Pony**, die Ponys
der **Popo**, die Popos
die **Post**
der **Preis**, die Preise
prima
proben, er/sie probt
der **Prinz**, die Prinzen
die **Prinzessin**, die Prinzessinnen
prüfen, er/sie prüft
der **Pudding**, die Puddinge/Puddings
der **Pudel**, die Pudel
der **Pullover**, die Pullover
der **Punkt**, die Punkte
die **Puppe**, die Puppen
putzen, er/sie putzt
die **Pyramide**, die Pyramiden

Qu qu

das Quadrat, die Quadrate

quadratisch

quaken, er/sie quakt

die Qualle, die Quallen

der Qualm

qualmen, es qualmt

der Quark

der Quatsch

quatschen, er/sie quatscht

die Quelle, die Quellen

quer

quieken, es quiekt

quietschen, es quietscht

A B C D E F G H I J K L M N O P Q **R** S T U V W X Y Z

R r

der **Rabe**, die Raben

das **Rad**, die Räder

der **Radfahrer**, die Radfahrer

die **Radfahrerin**, die Radfahrerinnen

radieren, er/sie radiert

der **Radiergummi**, die Radiergummis

das **Radio**, die Radios

die **Rakete**, die Raketen

der **Rand**, die Ränder

der **Ranzen**, die Ranzen

rasen, er/sie rast

raten, er/sie rät

das **Rätsel**, die Rätsel

die **Ratte**, die Ratten

rau

rauben, er/sie raubt

der **Raum**, die Räume

die **Raupe**, die Raupen

rechnen, er/sie rechnet

die **Rechnung,** die Rechnungen

rechts

reden, er/sie redet

die **Regel,** die Regeln

der **Regen**

der **Regenbogen,** die Regenbögen

regnen, es regnet

reiben, er/sie reibt

reich

reif

die **Reihe,** die Reihen

der **Reim,** die Reime

der **Reis**

die **Reise,** die Reisen

reisen, er/sie reist

reißen, er/sie reißt

reiten, er/sie reitet

rennen, er/sie rennt

retten, er/sie rettet

richtig

die **Richtung,** die Richtungen

riechen, er/sie riecht
der Riese, die Riesen
riesig
die Riesin, die Riesinnen
der Ring, die Ringe
der Ritter, die Ritter
die Robbe, die Robben
der Roboter, die Roboter
der Rock, die Röcke
rodeln, er/sie rodelt
rollen, es rollt
der Roller, die Roller
der Rollschuh, die Rollschuhe
rosa
die Rose, die Rosen
rostig
rot
das Rotkehlchen, die Rotkehlchen
der Rücken, die Rücken
der Rucksack, die Rucksäcke
rufen, er/sie ruft

ruhig
rühren, er/sie rührt
rund
der Rüssel, die Rüssel
die Rutsche, die Rutschen
rutschen, er/sie rutscht

S s

die Sache, die Sachen
der Sack, die Säcke
der Saft, die Säfte
saftig
die Säge, die Sägen
sagen, er/sie sagt
die Salami, die Salamis
der Salat, die Salate
das Salz, die Salze
salzig
der Samen, die Samen

sammeln, er/sie sammelt
der Samstag, die Samstage
der Sand
die Sandale, die Sandalen
sandig
der Sänger, die Sänger
die Sängerin, die Sängerinnen
satt
der Sattel, die Sättel
der Satz, die Sätze
sauber
sauer
sausen, er/sie saust
schade
das Schaf, die Schafe
schaffen, er/sie schafft es
der Schal, die Schals
scharf, schärfer
der Schatten, die Schatten
der Schatz, die Schätze
schauen, er/sie schaut

die Schaufel, die Schaufeln
schaukeln, er/sie schaukelt
scheinen, er/sie scheint
schenken, er/sie schenkt
die Schere, die Scheren
die Scheune, die Scheunen
schicken, er/sie schickt
schieben, er/sie schiebt
schief
das Schiff, die Schiffe
die Schildkröte, die Schildkröten
der Schinken, die Schinken
der Schirm, die Schirme
schlafen, er/sie schläft
schlagen, er/sie schlägt
die Schlange, die Schlangen
schlank
schlau
schlecht
schleichen, er/sie schleicht
schließen, er/sie schließt

der **Schlitten**, die Schlitten
das **Schloss**, die Schlösser
der **Schluss**, die Schlüsse
der **Schlüssel**, die Schlüssel
schmal
schmecken, es schmeckt
der **Schmetterling**, die Schmetterlinge
schmücken, er/sie schmückt
schmusen, er/sie schmust
schmutzig
der **Schnabel**, die Schnäbel
die **Schnauze**, die Schnauzen
die **Schnecke**, die Schnecken
der **Schnee**
der **Schneemann**, die Schneemänner
schneiden, er/sie schneidet
schneien, es schneit
schnell
die **Schokolade**, die Schokoladen
schon
schön

der Schornstein, die Schornsteine
die Schramme, die Schrammen
der Schrank, die Schränke
schrecklich
schreiben, er/sie schreibt
schreien, er/sie schreit
die Schrift, die Schriften
der Schuh, die Schuhe
die Schule, die Schulen
der Schüler, die Schüler
die Schülerin, die Schülerinnen
die Schulter, die Schultern
die Schüssel, die Schüsseln
schütten, er/sie schüttet
schwach, schwächer
der Schwamm, die Schwämme
der Schwanz, die Schwänze
schwarz
das Schwein, die Schweine
schwer
die Schwester, die Schwestern

schwimmen, er/sie schwimmt

schwitzen, er/sie schwitzt

schwören, er/sie schwört

sechs

sechzehn

sechzig

der See, die Seen

segeln, er/sie segelt

sehen, er/sie sieht

sehr

die Seife, die Seifen

das Seil, die Seile

sein, ich bin, du bist, er/sie ist, wir sind,
er/sie war

sein, seine, seiner

seit

die Seite, die Seiten

die Sekunde, die Sekunden

der September

der Sessel, die Sessel

sich setzen, er/sie setzt sich

sich
sicher
sie
das Sieb, die Siebe
sieben
siebzehn
siebzig
siegen, er/sie siegt
Silvester
sind (→ sein)
singen, er/sie singt
der Sinn, die Sinne
sitzen, er/sie sitzt
das Skelett, die Skelette
so
die Socke, die Socken
das Sofa, die Sofas
sofort
der Sohn, die Söhne
sollen, er/sie soll
der Sommer, die Sommer

sondern
der Sonnabend, die Sonnabende
die Sonne, die Sonnen
sonnig
der Sonntag, die Sonntage
sonst
die Spagetti/Spaghetti
spannend
sparen, er/sie spart
der Spaß, die Späße
spät
der Spatz, die Spatzen
der Spiegel, die Spiegel
das Spiel, die Spiele
spielen, er/sie spielt
der Spieler, die Spieler
die Spielerin, die Spielerinnen
der Spielplatz, die Spielplätze
das Spielzeug, die Spielzeuge
der Spinat
die Spinne, die Spinnen

spinnen, er/sie spinnt
spitz
der Sport
sportlich
sprechen, er/sie spricht
springen, er/sie springt
die Spritze, die Spritzen
spritzen, es spritzt
spucken, er/sie spuckt
spülen, er/sie spült
spüren, er/sie spürt
die Stadt, die Städte
der Stall, die Ställe
die Stange, die Stangen
der Stängel, die Stängel
stark, stärker
der Staub
stechen, er/sie sticht
stehen, er/sie steht
steigen, er/sie steigt
steil

der **Stein**, die Steine

stellen, er/sie stellt

der **Stempel**, die Stempel

der **Stern**, die Sterne

der **Stiefel**, die Stiefel

der **Stift**, die Stifte

still

die **Stimme**, die Stimmen

stinken, es stinkt

die **Stirn**, die Stirnen

der **Stock**, die Stöcke

stolpern, er/sie stolpert

stolz

stoppen, er/sie stoppt

das **Stoppschild**, die Stoppschilder

der **Strand**, die Strände

die **Straße**, die Straßen

der **Strauch**, die Sträucher

der **Streich**, die Streiche

streicheln, er/sie streichelt

der **Streit**, die Streite

streiten, er/sie streitet
der Strich, die Striche
der Strumpf, die Strümpfe
das Stück, die Stücke
der Stuhl, die Stühle
die Stunde, die Stunden
der Sturm, die Stürme
stürzen, er/sie stürzt
suchen, er/sie sucht
super
die Suppe, die Suppen
süß
die Süßigkeit, die Süßigkeiten

T t

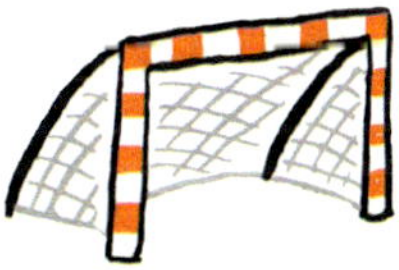

die Tafel, die Tafeln
der Tag, die Tage
die Tanne, die Tannen
die Tante, die Tanten

der Tanz, die Tänze

tanzen, er/sie tanzt

die Tasche, die Taschen

die Tasse, die Tassen

die Tatze, die Tatzen

die Taube, die Tauben

tauchen, er/sie taucht

tauschen, er/sie tauscht

tausend

das Taxi, die Taxis

der Teddy, die Teddys

der Tee, die Tees

der Teich, die Teiche

teilen, er/sie teilt

das Telefon, die Telefone

telefonieren, er/sie telefoniert

der Teller, die Teller

die Temperatur, die Temperaturen

der Teppich, die Teppiche

teuer

der Text, die Texte

das **Thermometer,** die Thermometer
tief
das **Tier,** die Tiere
der **Tiger,** die Tiger
tippen, er/sie tippt
der **Tisch,** die Tische
toben, er/sie tobt
dic **Tochter,** die Töchter
toll
die **Tomate,** die Tomaten
der **Ton,** die Töne
der **Topf,** die Töpfe
das **Tor,** die Tore
die **Torte,** die Torten
tot
tragen, er/sie trägt
der **Traktor,** die Traktoren
die **Traube,** die Trauben
der **Traum,** die Träume
träumen, er/sie träumt
traurig

A B C D E F G H I J K L M N O P Q R S **T** U V W X Y Z

treffen, er/sie trifft

die Treppe, die Treppen

treten, er/sie tritt

treu

trinken, er/sie trinkt

trocken

die Trommel, die Trommeln

die Trompete, die Trompeten

trösten, er/sie tröstet

das T-Shirt, die T-Shirts

das Tuch, die Tücher

die Tulpe, die Tulpen

tun, er/sie tut etwas

die Tür, die Türen

der Turm, die Türme

turnen, er/sie turnt

die Tüte, die Tüten

U u

die **U-Bahn,** die U-Bahnen

üben, er/sie übt

über

überall

überqueren, er/sie überquert etwas

überraschen, er/sie überrascht jemanden

die **Überschrift,** die Überschriften

übrigens

die **Übung,** die Übungen

das **Ufer,** die Ufer

die **Uhr,** die Uhren

der **Uhu,** die Uhus

um

umarmen, er/sie umarmt

umfallen, er/sie fällt um

die **Umwelt**

und

der **Unfall,** die Unfälle

das **Ungeheuer,** die Ungeheuer

A B C D E F G H I J K L M N O P Q R S T **U** **V** W X Y Z

unheimlich

uns

unser, unsere

der Unsinn

unten

unter

unternehmen, er/sie unternimmt etwas

der Unterricht

unterrichten, er/sie unterrichtet

unterwegs

der Urlaub, die Urlaube

Vv

der Vampir, die Vampire

die Vase, die Vasen

der Vater, die Väter

der Verband, die Verbände

das Verbot, die Verbote

vergessen, er/sie vergisst

verkaufen, er/sie verkauft

der Verkehr

sich verkleiden, er/sie verkleidet sich

verlieren, er/sie verliert

verraten, er/sie verrät etwas

verschlafen, er/sie verschläft

verstecken, er/sie versteckt

verstehen, er/sie versteht

versuchen, er/sie versucht

viel, mehr, am meisten

vier

vierzehn

vierzig

das Vitamin, die Vitamine

der Vogel, die Vögel

das Volk, die Völker

voll

vom

von

vor

voraus

vorbei
vorlesen, er/sie liest vor
der Vormittag, die Vormittage
der Vorname, die Vornamen
vorsichtig
die Vorstellung, die Vorstellungen
der Vulkan, die Vulkane

W w

die Waage, die Waagen
wach
wachsen, er/sie wächst
die Waffel, die Waffeln
wählen, er/sie wählt
wahr
der Wal, die Wale
der Wald, die Wälder
die Wand, die Wände
wandern, er/sie wandert

die Wanderung, die Wanderungen
wann
war (→ sein)
warm, wärmer
die Wärme
warnen, er/sie warnt
warten, er/sie wartet
warum
was
waschen, er/sie wäscht
das Wasser
die Watte
der Wecker, die Wecker
weg
der Weg, die Wege
wegen
weich
Weihnachten
weil
weinen, er/sie weint
weiß

weit
weiter
welche, welcher, welches
die Welle, die Wellen
die Welt, die Welten
wem
wen
wenig
wenn
wer
werden, er/sie wird
werfen, er/sie wirft
das Wetter
wichtig
wie
wieder
wiederholen, er/sie wiederholt
die Wiege, die Wiegen
wiegen, er/sie wiegt
die Wiese, die Wiesen
das Wiesel, die Wiesel

wieso

wild

die Wimper, die Wimpern

der Wind, die Winde

windig

die Windel, die Windeln

winken, er/sie winkt

der Winter, die Winter

winzig

die Wippe, die Wippen

wir

wissen, er/sie weiß

der Witz, die Witze

witzig

wo

die Woche, die Wochen

das Wochenende, die Wochenenden

wofür

woher

wohin

wohnen, er/sie wohnt

die **Wohnung,** die Wohnungen
der **Wolf,** die Wölfe
die **Wolke,** die Wolken
wolkig
die **Wolle**
wollen, er/sie will
das **Wort,** die Wörter
wovon
wozu
die **Wunde,** die Wunden
das **Wunder,** die Wunder
wunderbar
der **Wunsch,** die Wünsche
wünschen, er/sie wünscht
der **Würfel,** die Würfel
der **Wurm,** die Würmer
die **Wurst,** die Würste
die **Wurzel,** die Wurzeln
die **Wüste,** die Wüsten
die **Wut**
wütend

X x

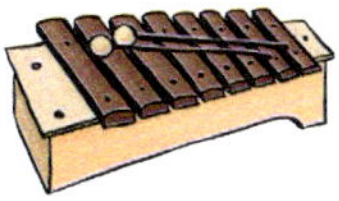

die X-Beine
das Xylofon, die Xylofone

Y y

das Yak, die Yaks
das Ypsilon, die Ypsilons

Z z

zäh
die Zahl, die Zahlen
zahlen, er/sie zahlt
zählen, er/sie zählt
zahm
der Zahn, die Zähne

die **Zahnbürste**, die Zahnbürsten
die **Zange**, die Zangen
zanken, er/sie zankt
zärtlich
zaubern, er/sie zaubert
der **Zaun**, die Zäune
das **Zebra**, die Zebras
der **Zebrastreifen**, die Zebrastreifen
der **Zeh**, die Zehen
zehn
zeichnen, er/sie zeichnet
zeigen, er/sie zeigt
die **Zeit**, die Zeiten
die **Zeitung**, die Zeitungen
das **Zelt**, die Zelte
der **Zettel**, die Zettel
das **Zeugnis**, die Zeugnisse
die **Ziege**, die Ziegen
ziehen, er/sie zieht
das **Ziel**, die Ziele
ziemlich

das **Zimmer**, die Zimmer
der **Zirkus**, die Zirkusse
die **Zitrone**, die Zitronen
zittern, er/sie zittert
der **Zoo**, die Zoos
der **Zopf**, die Zöpfe
zu
der **Zucker**
zuerst
zufrieden
der **Zug**, die Züge
zuletzt
zum
die **Zunge**, die Zungen
zur
zurück
zusammen
zwanzig
zwei
der **Zweig**, die Zweige
der **Zwerg**, die Zwerge

A B C D E F G H I J K L M N O P Q R S T U V W X Y **Z**

die **Zwergin,** die Zwerginnen
der **Zwieback,** die Zwiebäcke/Zwiebacke
die **Zwiebel,** die Zwiebeln
der **Zwilling,** die Zwillinge
zwischen
zwölf

Klasse 3/4

So kannst du Wörter nachschlagen

Auf den Seiten 100 bis 221 sind alle Wörter nach dem Alphabet (ABC) geordnet.

Nomen sind in der Einzahl und in der Mehrzahl abgedruckt:
der Aal, die Aale

Verben stehen in der Grundform, in der Gegenwart und in der 1. Vergangenheit in der Liste:
ab|fah|ren, er/sie fährt ab, fuhr ab
be|deu|ten, es bedeutet, bedeutete

Wenn sich bei Verben der Wortstamm bei einer Personal- oder Zeitform ändert, findest du diese Wörter auch einzeln in der Wörterliste:
er gibt (→ geben)

Adjektive findest du in der Grundform.
Wenn sich der Wortstamm in einer Vergleichsstufe ändert, sind auch diese Formen aufgeführt:
arm, ärmer, am ärmsten

Auf den Seiten 222 bis 224 findest du Informationen zum Aufbau von Wörtern, zu Wortarten und Wortfeldern.

Diese Zeichen findest du im Wörterbuch:

→	Das Wort nach dem Pfeil ist die Grundform. Sieh auch dort nach.
↔	Dieses Wort ist das Gegenteil oder ein Gegensatz zu dem davor stehenden Wort.
(Erklärung)	In den Klammern steht eine Erklärung zu einem Wort.
|	Hier kannst du das Wort trennen. Manchmal gibt es verschiedene Möglichkeiten. Nicht immer erfolgt die Trennung nach Sprechsilben.

Wenn du ein Wort suchst, findest du es schneller, wenn du auch auf den zweiten und dritten Buchstaben achtest.

Bei zusammengesetzten Wörtern musst du die einzelnen Wörter suchen.
das Reitpferd: reiten (S. 177), das Pferd (S. 171)
der Schnellzug: schnell (S. 185), der Zug (S. 221)
ausmessen: aus (S. 105), messen (S. 162)

Manchmal ist bei einem zusammengesetzten Nomen ein Buchstabe eingefügt:
das Geburtstag**s**geschenk:
der Geburtstag (S. 134), das Geschenk (S. 137)
der Suppe**n**teller:
die Suppe (S. 196), der Teller (S. 198)

So kannst du Wörter richtig schreiben

Wörter mitsprechen und Silben schwingen

Die meisten Wörter schreibst du so, wie du sie sprichst. Damit du keinen Buchstaben vergisst, sprich deutlich und schwinge die Silben.

Jede Silbe hat einen König (Vokal, Umlaut oder Zwielaut):

Fisch   Mäd chen   Pa pa gei

Steht der König am Ende der ersten Silbe, klingt er lang und deutlich:

Bo den   heu te   je dem   re den

Hörst du einen langen i-Laut am Ende einer Silbe, schreibst du meistens **ie**:

Zwie bel   zie len   nie mals

Steht der König in der Mitte der ersten Silbe, klingt er kurz und undeutlich:

Tan te   schen ken   lus tig

Hörst du nach einem kurzen Vokal nur einen Konsonanten, musst du ihn verdoppeln:

Zim mer   zu sam men   stel len

Hörst du ein z nach einem kurzen Vokal, schreibst du meistens **tz**:

Platz   schüt zen   spitz

Hörst du ein k nach einem kurzen Vokal, schreibst du meistens **ck**:

Glück   zu rück   ver ste cken

Ein r am Ende einer Silbe kannst du besser hören, wenn du in Silben sprichst:

Er de   mer ken   mor gen

Achte auch auf die Verbindung **rn**:

gestern   Eltern   feiern

Wörter verlängern

In manchen Wörtern kannst du nicht alle Buchstaben und Laute gut hören.

Bei Wörtern mit einer Silbe kannst du ein **r** nach einem Vokal nicht gut hören. Suche ein verwandtes Wort mit zwei Silben:

das Do**r**f	viele Dö**r** fer	er wi**r**ft	we**r** fen
ge**r**n	ge**r** ne		

Bei Wörtern mit einer Silbe kannst du ein **h** nicht hören. Suche ein verwandtes Wort mit zwei Silben. Wenn die zweite Silbe mit dem Konsonanten **h** beginnt, folgt der Vokal **e**:

der Schu**h**	viele Schu **h**e	frü**h**	frü **h**er
sie ge**h**t	ge **h**en		

So kannst du zwei gleiche Konsonanten hörbar machen:

das Be**tt**	viele Be**t** **t**en	schli**mm**	schli**m** **m**er
der Ri**ss**	viele Ri**s** **s**e	dü**nn**	dü**n** **n**er

Bei manchen Verben kannst du in einer Personalform mit einer Silbe nicht alle Laute und Buchstaben gut hören. Verlängere, indem du die Grundform bildest:

es kna**ll**t	kna**l** **l**en	sie spi**nn**t	spi**n** **n**en

Auch **tz** und **ck** sind doppelte Konsonanten:

der Wi**tz**	viele Wit **z**e
spi**tz**	spit **z**er
der Bli**ck**	viele Bli **ck**e
di**ck**	di **ck**er

Diese Buchstaben klingen bei Wörtern mit einer Silbe oft gleich: **b** – **p**, **d** – **t**, **g** – **k**. Wenn du die Wörter verlängerst, kannst du den richtigen Buchstaben hörbar machen.
Bilde bei Nomen die Mehrzahl:

das Kal**b**	viele Käl **b**er	der Zwer**g**	viele Zwer **g**e

Bilde bei Adjektiven die Steigerungsform:

lan**g**	län **g**er	wil**d**	wil **d**er

Bei Verben in der Personalform kannst du die Grundform bilden:

sie le**b**t	le **b**en	er le**g**t	le **g**en
sie hu**p**t	hu **p**en		

Manche Wörter haben keine Mehrzahl oder lassen sich nicht steigern. Suche ein verwandtes Wort aus der Wortfamilie:

der Kna**ll**	knal **l**en	ferti**g**	das fer ti **g**e Bild

Verwandte Wörter suchen

Manche Laute klingen gleich: **ä** – **e**, **äu** – **eu**.
Wenn es ein verwandtes Wort aus der Wortfamilie mit **a** oder **au** gibt, schreibst du **ä** oder **äu**.

der Anf**ä**nger – der Anf**a**ng, also ä
w**ä**rmen – w**a**rm, also ä
l**ä**ssig – l**a**ssen, also ä

tr**äu**men – der Tr**au**m, also äu
s**äu**bern – s**au**ber, also äu

Bei manchen Verben wird in der Personalform **a** zu **ä** oder **au** zu **äu**.
Prüfe die Grundform oder suche ein verwandtes Wort:

er w**ä**scht – w**a**schen, also ä
sie schl**ä**ft – schl**a**fen, also ä
er r**äu**mt – der R**au**m, also äu

Bei manchen Nomen wird in der Mehrzahl **a** zu **ä** oder **au** zu **äu**.
Prüfe die Einzahl:

die B**ä**nke – die B**a**nk, also ä
die H**äu**ser – das H**au**s, also äu

Wenn es kein verwandtes Wort mit **a** oder **au** gibt, schreibst du fast immer **e** oder **eu**.

der B**e**rg, l**e**rnen, ...
der **Eu**ro, h**eu**te, ...

Verwandte Wörter haben einen gemeinsamen Wortstamm.
Die Mitglieder der Wortfamilie werden ähnlich geschrieben.

steh : ver**steh**en, die **Steh**lampe, er **steh**t, ...

freund : an**freund**en, die **Freund**in, be**freund**et, ...

geb/gib : ab**geb**en, sie **gib**t, der An**geb**er, ver**geb**lich, ...

traum/träum : der **Traum**, er **träum**t, ver**träum**t, **traum**haft, ...

fahr : sie **fähr**t, weg**fahr**en, er **fuhr**, der **Fahr**er, das **Fahr**rad, ...

gelb : **gelb**lich, das Ei**gelb**, gold**gelb**, ...

süß : **süß**lich, die **Süß**igkeit, zucker**süß**, ...

Wasser : der **Wasser**fall, das Ge**wässer**, das Mineral**wasser**, **wäss**rig, ...

Jahr : die **Jahr**eszeit, das Schul**jahr**, **jähr**lich, der **Jahr**markt, ...

Wörter merken

Manche Wörter musst du dir merken, weil sie eine Merkstelle haben, die du nicht überprüfen kannst.

ß: die Straße, beißen, draußen, außer, ...
Ch: das **Ch**ristkind, der **Ch**or, **Ch**ina, ...
Y/y: das **Y**ak, das Hand**y**, ...
V/v: der **V**ogel, **v**ielleicht, **v**oll, ...
X/x: das **X**ylofon, das Ta**x**i, der Te**x**t, ...
chs: we**chs**eln, der Fu**chs**, se**chs**, ...
ks: lin**ks**, der Ke**ks**, ...
zz: die Pi**zz**a, die Ski**zz**e, das Pu**zz**le, ...
dt: die Sta**dt**, verwan**dt**, sie lä**dt** ein, ...
aa, **ee**, **oo**: das P**aa**r, der S**ee**, das B**oo**t, ...
ä ohne verwandtes Wort mit a: das M**ä**rchen, der K**ä**fig, ...
ai: der H**ai**, der L**ai**b, ...
lang klingendes **i**: der T**i**ger, der **I**gel, ...
Dehnungs-h: die Bo**h**ne, zä**h**len, se**h**r, i**h**m, i**h**r, ...

Fremdwörter: T-Shirt, Computer, Recycling, Skateboard, ...

Merke dir auch die kleinen Wörter, die du oft brauchst:
ab, bis, hier, nichts, voll, zuletzt, ...

Wenn du vorangestellte Wortbausteine gut kennst, schreibst du automatisch viele Wörter richtig.

Zum Beispiel werden alle Wörter mit vor- und ver- mit **V**, **v** geschrieben:

ver-: **ver**zaubern, das **Ver**bot, **ver**gesslich, ...

vor-: **vor**lesen, der **Vor**mittag, **vor**sichtig, ...

Wenn du daran denkst, dass alle Adjektive mit dem Wortbaustein -ig immer mit **g** am Ende geschrieben werden, musst du sie nicht mehr jedes Mal verlängern:

durst**ig**, heft**ig**, neugier**ig**, schwier**ig**, lust**ig**, ...

Wenn du dir die Schreibweise der Wortbausteine -heit, -keit und -ung merkst, musst du Nomen mit diesen Endungen nicht mehr verlängern:

Frei**heit**, Sicher**heit**, Bescheiden**heit**, ...
Behinder**ung**, Zeit**ung**, Heiz**ung**, ...
Aufmerksam**keit**, Einsam**keit**, Tapfer**keit**, ...

A

der Aal, die Aale
das Aas *(Körper eines toten Tieres)*
ab
der Abend, die Abende
abends
das Aben|teu|er, die Abenteuer
aber
der Aber|glau|be
ab|fah|ren, er/sie fährt ab, fuhr ab
die Ab|fahrt, die Abfahrten
der Ab|fall, die Abfälle
der Ab|ge|ord|ne|te, die Abgeordneten
die Ab|ge|ord|ne|te, die Abgeordneten
ab|ge|schlos|sen (→ abschließen)
ab|ge|schnit|ten (→ abschneiden)
ab|ge|schrie|ben (→ abschreiben)
der Ab|grund, die Abgründe
ab|hän|gig
ab|ho|len, er/sie holt ab, holte ab
das Abi|tur *(Abschlussprüfung im Gymnasium)*
die Ab|kür|zung, die Abkürzungen
ab|leh|nen, er/sie lehnt ab, lehnte ab
die Ab|leh|nung, die Ablehnungen
das Abon|ne|ment, die Abonnements *(Dauerbezug, z. B. für eine Zeitung, oder Dauermiete, z. B. für einen Platz im Theater)*
abon|nie|ren, er/sie abonniert, abonnierte
die Ab|sa|ge, die Absagen
ab|sa|gen, er/sie sagt ab, sagte ab
ab|schi|cken, er/sie schickt ab, schickte ab
der Ab|schied, die Abschiede
ab|schlie|ßen, er/sie schließt ab, schloss ab
ab|schnei|den, er/sie schneidet ab, schnitt ab

ab|schrei|ben, er/sie schreibt ab, schrieb ab

der Ab|sen|der, die Absender

die Ab|sicht, die Absichten

ab|stel|len, er/sie stellt ab, stellte ab

ab|stim|men, er/sie stimmt ab, stimmte ab

die Ab|stim|mung, die Abstimmungen

das Ab|teil, die Abteile

ab|wa|schen, er/sie wäscht ab, wusch ab

die Ach|se, die Achsen

die Ach|sel, die Achseln

acht

ach|ten, er/sie achtet, achtete

die Ach|tung

acht|zehn

acht|zig

der Acker, die Äcker

die Ac|tion *(englisches Wort für eine spannende Handlung, z. B. im Film)*

ad|die|ren, er/sie addiert, addierte

die Ad|di|ti|on, die Additionen

die Ader, die Adern

das Ad|jek|tiv, die Adjektive *(Wortart)*

der Ad|ler, die Adler

ad|op|tie|ren, er/sie adoptiert, adoptierte *(ein Kind aufnehmen, das nicht bei seinen eigenen Eltern leben kann)*

die Ad|op|ti|on, die Adoptionen

die Ad|res|se, die Adressen

der Ad|vent

der Ad|vents|kranz, die Adventskränze

der Af|fe, die Affen

Af|ri|ka

ag|gres|siv *(angriffslustig)*

ah|nen, er/sie ahnt, ahnte

ähn|lich

die Ah|nung, die Ahnungen

die Äh|re, die Ähren

Aids *(eine gefährliche Krankheit)*

der Ak|ku|sa|tiv *(4. Fall, Wenfall)*

der Ak|ro|bat, die Akrobaten

die Ak|ro|ba|tin, die Akrobatinnen

ak|tiv *(↔ passiv)*

ak|tu|ell

A B C D E F G H I J K L M N O P Q R S T U V W X Y Z

der Alarm, die Alarme
al|bern
die Al|bern|heit, die Albernheiten
das Al|bum, die Alben
der Al|ko|hol
Al|lah
al|le, alles
die Al|lee, die Alleen
al|lein
al|ler|dings
all|mäh|lich
die Al|pen
das Al|pha|bet
als
al|so
alt, älter, am ältesten *(↔ jung)*
der Al|tar, die Altäre
das Al|ter
die Al|ter|na|ti|ve, die Alternativen *(eine von zwei oder mehr Möglichkeiten, zwischen denen man wählen kann)*
das Alu|mi|ni|um *(ein Leichtmetall)*
am
die Amei|se, die Ameisen
Ame|ri|ka
ame|ri|ka|nisch
die Am|pel, die Ampeln
die Am|sel, die Amseln
an
die Ana|nas, die Ananas/Ananasse
das An|den|ken, die Andenken
an|de|re, anderer, anderes
än|dern, er/sie ändert, änderte
an|ders
der An|fang, die Anfänge
an|fan|gen, es fängt an, fing an
der An|fän|ger, die Anfänger
die An|fän|ge|rin, die Anfängerinnen
an|ge|ben, er/sie gibt an, gab an
an|ge|grif|fen (→ angreifen)
der An|ge|klag|te, die Angeklagten
die An|ge|klag|te, die Angeklagten
die An|gel, die Angeln
an|geln, er/sie angelt, angelte

an|ge|zo|gen (→ anziehen)
an|grei|fen, er/sie greift an, griff an
die Angst, die Ängste
ängst|lich (↔ mutig, tapfer)
an|hal|ten, er/sie hält an, hielt an
der An|ker, die Anker
der An|lauf, die Anläufe
an|ma|len, er/sie malt an, malte an
der Ano|rak, die Anoraks
an|pro|bie|ren, er/sie probiert an, probierte an
der An|ruf, die Anrufe
an|ru|fen, er/sie ruft an, rief an
an|schau|en, er/sie schaut an, schaute an
an|schei|nend
die An|schrift, die Anschriften
an|statt
sich an|stren|gen, er/sie strengt sich an, strengte sich an
die An|stren|gung, die Anstrengungen
die An|ten|ne, die Antennen
die Ant|wort, die Antworten
ant|wor|ten, er/sie antwortet, antwortete
die An|zahl
die An|zei|ge, die Anzeigen
an|zie|hen, er/sie zieht an, zog an
der An|zug, die Anzüge
an|zün|den, er/sie zündet an, zündete an
der Ap|fel, die Äpfel
die Ap|fel|si|ne, die Apfelsinen
die Apo|the|ke, die Apotheken
der Ap|pa|rat, die Apparate
der Ap|pe|tit
der Ap|plaus
die Ap|ri|ko|se, die Aprikosen
der Ap|ril
das Aqua|ri|um, die Aquarien
der Äqua|tor (*größter Breitenkreis der Erde*)
die Ar|beit, die Arbeiten
ar|bei|ten, er/sie arbeitet, arbeitete
der Ar|bei|ter, die Arbeiter
die Ar|bei|te|rin, die Arbeiterinnen
ar|beits|los
der Ar|chi|tekt, die Architekten

die Ar|chi|tek|tin, die Architektinnen
der Är|ger
är|ger|lich
är|gern, er/sie ärgert, ärgerte
der Arm, die Arme
arm, ärmer, am ärmsten *(↔ reich)*
die Ar|mut
die Art, die Arten
der Ar|ti|kel, die Artikel *(Wortart: Begleiter eines Nomens)*
der Ar|tist, die Artisten
die Ar|tis|tin, die Artistinnen
der Arzt, die Ärzte
die Ärz|tin, die Ärztinnen
die Asche
Asi|en
der As|phalt *(ein Straßenbelag)*
sie aß (→ essen)
der Ast, die Äste
der As|tro|naut (Ast|ro|naut), die Astronauten *(Weltraumfahrer)*
die As|tro|nau|tin (Ast|ro|nau|tin), die Astronautinnen
das Asyl *(sicherer Zufluchtsort)*

der At|lan|tik
der At|las, die Atlanten
at|men, er/sie atmet, atmete
die At|mo|sphä|re *(Lufthülle um die Erde)*
das Atom, die Atome
auch
auf
auf|ei|nan|der (auf|ein|an|der)
auf|fal|len, es fällt auf, fiel auf
auf|füh|ren, er/sie führt auf, führte auf
die Auf|ga|be, die Aufgaben
auf|ge|ben, er/sie gibt auf, gab auf
auf|ge|stan|den (→ aufstehen)
auf|hö|ren, er/sie hört auf, hörte auf
auf|merk|sam
die Auf|merk|sam|keit
auf|pas|sen, er/sie passt auf, passte auf
auf|pum|pen, er/sie pumpt auf, pumpte auf
auf|räu|men, er/sie räumt auf, räumte auf

sich auf|re|gen, er/sie regt sich auf, regte sich auf
die Auf|re|gung
der Auf|satz, die Aufsätze
auf|ste|hen, er/sie steht auf, stand auf
der Auf|trag, die Aufträge
auf|we|cken, er/sie weckt auf, weckte auf
der Auf|zug, die Aufzüge
das Au|ge, die Augen
der Au|gen|blick, die Augenblicke
die Au|gen|braue, die Augenbrauen
die Au|gen|far|be, die Augenfarben
der Au|gust
die Au|la, die Aulas *(Fest- oder Versammlungssaal)*
aus
die Aus|bil|dung, die Ausbildungen
der Aus|druck, die Ausdrücke
aus|drü|cken, er/sie drückt aus, drückte aus
aus|ei|nan|der (aus|ein|an|der)
der Aus|flug, die Ausflüge
der Aus|gang, die Ausgänge
aus|ge|lie|hen (→ ausleihen)
aus|ge|schnit|ten (→ ausschneiden)
aus|ge|zo|gen (→ ausziehen)
die Aus|kunft, die Auskünfte
aus|la|chen, er/sie lacht aus, lachte aus
das Aus|land
der Aus|län|der, die Ausländer
die Aus|län|de|rin, die Ausländerinnen
aus|lei|hen, er/sie leiht aus, lieh aus
die Aus|nah|me, die Ausnahmen
aus|nahms|wei|se
der Aus|puff, die Auspuffe
die Aus|re|de, die Ausreden
das Aus|ru|fe|zei|chen, die Ausrufezeichen
sich aus|ru|hen, er/sie ruht sich aus, ruhte sich aus
aus|schnei|den, er/sie schneidet aus, schnitt aus
aus|se|hen, er/sie sieht aus, sah aus

au|ßen
au|ßer
au|ßer|dem
sich äu|ßern, er/sie äußert sich, äußerte sich
die Äu|ße|rung, die Äußerungen
die Aus|sicht, die Aussichten
aus|stel|len, er/sie stellt aus, stellte aus
die Aus|stel|lung, die Ausstellungen
Aus|tra|li|en (Aust|ra|li|en)
aus|tra|lisch (aust|ra|lisch)
die Aus|wahl
aus|wäh|len, er/sie wählt aus, wählte aus
der Aus|weis, die Ausweise
aus|wen|dig
aus|zie|hen, er/sie zieht aus, zog aus
das Au|to, die Autos
die Au|to|bahn, die Autobahnen
der Au|to|fah|rer, die Autofahrer
die Au|to|fah|re|rin, die Autofahrerinnen
das Au|to|gramm, die Autogramme
der Au|to|mat, die Automaten
au|to|ma|tisch
der Au|tor, die Autoren
die Au|to|rin, die Autorinnen
die Axt, die Äxte

B

das Ba|by, die Babys
der Bach, die Bäche
die Ba|cke, die Backen
ba|cken, er/sie backt/bäckt, backte/buk
der Bä|cker, die Bäcker
die Bä|cke|rei, die Bäckereien
die Bä|cke|rin, die Bäckerinnen
der Back|ofen, die Backöfen
sie bäckt (→ backen)
das Bad, die Bäder
der Ba|de|an|zug, die Badeanzüge

die Ba|de|ho|se, die Badehosen
ba|den, er/sie badet, badete
Ba|den-Würt|tem|berg
die Ba|de|wan|ne, die Badewannen
das Ba|de|zim|mer, die Badezimmer
der Bag|ger, die Bagger
die Bahn, die Bahnen
der Bahn|hof, die Bahnhöfe
der Bahn|steig, die Bahnsteige
die Bak|te|rie, die Bakterien
bald
der Bal|ken, die Balken
der Bal|kon, die Balkone/Balkons
der Ball, die Bälle
das Bal|lett
der Bal|lon, die Ballons
die Ba|na|ne, die Bananen
er band (→ binden)
das Band, die Bänder
die Band, die Bands *(englisches Wort für eine Musikgruppe)*
die Bank, die Bänke
der Bär, die Bären
bar|fuß
das Ba|ro|me|ter, die Barometer *(Luftdruckmesser)*
der Bart, die Bärte
der Bas|ket|ball, die Basketbälle
bas|teln, er/sie bastelt, bastelte
sie bat (→ bitten)
die Bat|te|rie, die Batterien
der Bauch, die Bäuche
das Bauch|weh
bau|en, er/sie baut, baute
der Bau|er, die Bauern
die Bäu|e|rin, die Bäuerinnen
der Bau|ern|hof, die Bauernhöfe
der Baum, die Bäume
bay|e|risch (bay|risch)
Bay|ern
der Be|am|te, die Beamten
die Be|am|tin, die Beamtinnen
der Be|cher, die Becher
das Be|cken, die Becken
sich be|dan|ken, er/sie bedankt sich, bedankte sich
be|deu|ten, es bedeutet, bedeutete
be|die|nen, er/sie bedient, bediente
die Be|din|gung, die Bedingungen

sich be|ei|len, er/sie beeilt sich, beeilte sich
be|er|di|gen, er/sie beerdigt, beerdigte
die Be|er|di|gung, die Beerdigungen
die Bee|re, die Beeren
das Beet, die Beete
er be|fahl (→ befehlen)
der Be|fehl, die Befehle
be|feh|len, er/sie befiehlt, befahl
be|fes|ti|gen, er/sie befestigt, befestigte
sie be|fiehlt (→ befehlen)
be|foh|len (→ befehlen)
be|frei|en, er/sie befreit, befreite
die Be|frei|ung, die Befreiungen
be|gabt
die Be|ga|bung, die Begabungen
er be|gann (→ beginnen)
be|geg|nen, er/sie begegnet, begegnete
die Be|geis|te|rung
be|gin|nen, er/sie beginnt, begann
be|glei|ten, er/sie begleitet, begleitete
die Be|glei|tung, die Begleitungen
be|gon|nen (→ beginnen)
die Be|grün|dung, die Begründungen
be|grü|ßen, er/sie begrüßt, begrüßte
die Be|grü|ßung, die Begrüßungen
be|hilf|lich
be|hin|dert
die Be|hin|de|rung, die Behinderungen
bei
bei|de
der Bei|fall
das Bein, die Beine
bei|na|he
das Bei|spiel, die Beispiele
bei|ßen, er/sie beißt, biss
der Bei|trag, die Beiträge
er be|kam (→ bekommen)
be|kannt
der Be|kann|te, die Bekannten
die Be|kann|te, die Bekannten
die Be|kannt|schaft, die Bekanntschaften

be|kom|men, er/sie bekommt, bekam
be|lei|di|gen, er/sie beleidigt, beleidigte
die Be|lei|di|gung, die Beleidigungen
Bel|gi|en
bel|gisch
bel|len, er/sie bellt, bellte
be|loh|nen, er/sie belohnt, belohnte
die Be|loh|nung, die Belohnungen
be|mer|ken, er/sie bemerkt, bemerkte
die Be|mer|kung, die Bemerkungen
be|nut|zen, er/sie benutzt, benutzte
der Be|nut|zer, die Benutzer
die Be|nut|ze|rin, die Benutzerinnen
das Ben|zin
be|ob|ach|ten, er/sie beobachtet, beobachtete
be|quem
die Be|quem|lich|keit
sie be|rät (→ beraten)
be|ra|ten, er/sie berät, beriet
die Be|ra|tung, die Beratungen
be|reit
be|reits
der Berg, die Berge
berg|ab
berg|auf
ber|gig *(↔ flach, eben)*
das Berg|werk, die Bergwerke
der Be|richt, die Berichte
be|rich|ten, er/sie berichtet, berichtete
er be|riet (→ beraten)
Ber|lin
der Be|ruf, die Berufe
be|rühmt
sie be|saß (→ besitzen)
sich be|schäf|ti|gen, er/sie beschäftigt sich, beschäftigte sich
die Be|schäf|ti|gung, die Beschäftigungen
be|schei|den *(↔ gierig, maßlos)*
die Be|schei|den|heit
die Be|sche|rung, die Bescherungen

be|schimp|fen, er/sie beschimpft, beschimpfte
be|schlie|ßen, er/sie beschließt, beschloss
er be|schloss (→ beschließen)
be|schlos|sen (→ beschließen)
der Be|schluss, die Beschlüsse
be|schrei|ben, er/sie beschreibt, beschrieb
die Be|schrei|bung, die Beschreibungen
sie be|schrieb (→ beschreiben)
be|schrie|ben (→ beschreiben)
be|schüt|zen, er/sie beschützt, beschützte
sich be|schwe|ren, er/sie beschwert sich, beschwerte sich
der Be|sen, die Besen
be|ses|sen (→ besitzen)
be|setzt
be|sich|ti|gen, er/sie besichtigt, besichtigte
die Be|sich|ti|gung, die Besichtigungen
der Be|sitz
be|sit|zen, er/sie besitzt, besaß
der Be|sit|zer, die Besitzer
die Be|sit|ze|rin, die Besitzerinnen
be|son|ders
be|sor|gen, er/sie besorgt, besorgte
bes|ser (→ gut)
das Be|steck, die Bestecke
am bes|ten (→ gut)
be|stim|men, er/sie bestimmt, bestimmte
be|stimmt
der Be|such, die Besuche
be|su|chen, er/sie besucht, besuchte
be|ten, er/sie betet, betete
der Be|ton
be|trach|ten, er/sie betrachtet, betrachtete
der Be|trag, die Beträge
der Be|trieb, die Betriebe
er be|trog (→ betrügen)
be|tro|gen (→ betrügen)

der Be|trug
be|trü|gen, er/sie betrügt, betrog
der Be|trü|ger, die Betrüger
die Be|trü|ge|rin, die Betrügerinnen
das Bett, die Betten
bet|teln, er/sie bettelt, bettelte
der Bett|ler, die Bettler
die Bett|le|rin, die Bettlerinnen
die Beu|le, die Beulen
die Beu|te
die Be|völ|ke|rung
be|vor
sich be|we|gen, es bewegt sich, bewegte sich
die Be|we|gung, die Bewegungen
der Be|weis, die Beweise
be|wei|sen, er/sie beweist, bewies
sie be|wies (→ beweisen)
be|wie|sen (→ beweisen)
be|zah|len, er/sie bezahlt, bezahlte
die Bi|bel, die Bibeln
der Bi|ber, die Biber

die Bi|blio|thek (Bib|lio|thek), die Bibliotheken *(Bücherei)*
bie|gen, er/sie biegt, bog
die Bie|ne, die Bienen
das Bier, die Biere
das Bild, die Bilder
der Bild|schirm, die Bildschirme
die Bil|dung
bil|lig *(↔ teuer)*
ich bin (→ sein)
bin|den, er/sie bindet, band
die Bio|lo|gie
das Bio|top, die Biotope *(Lebensraum, in dem nur bestimmte Arten von Pflanzen und Tieren zu finden sind, z. B. ein Sumpf)*
die Bir|ke, die Birken
die Bir|ne, die Birnen
bis
der Bi|schof, die Bischöfe
die Bi|schö|fin, die Bischöfinnen
bis|her
er biss (→ beißen)
biss|chen
bis|sig
du bist (→ sein)
bit|ten, er/sie bittet, bat
bit|ter

A
B
C
D
E
F
G
H
I
J
K
L
M
N
O
P
Q
R
S
T
U
V
W
X
Y
Z

die Bla|se, die Blasen
bla|sen, er/sie bläst, blies
blass
sie bläst (→ blasen)
das Blatt, die Blätter
blät|tern, er/sie blättert, blätterte
blau
das Blech, die Bleche
das Blei
blei|ben, er/sie bleibt, blieb
der Blei|stift, die Bleistifte
der Blick, die Blicke
bli|cken, er/sie blickt, blickte
er blieb (→ bleiben)
sie blies (→ blasen)
blind *(↔ sehend)*
der Blind|darm, die Blinddärme
der Blin|de, die Blinden
die Blin|de, die Blinden
blin|ken, er/sie blinkt, blinkte
der Blin|ker, die Blinker
der Blitz, die Blitze
blit|zen, es blitzt, blitzte
der Block, die Blöcke
blöd
der Blöd|sinn
blond
bloß
blü|hen, es blüht, blühte
die Blu|me, die Blumen
die Blu|se, die Blusen
das Blut
die Blü|te, die Blüten
blu|ten, er/sie blutet, blutete
der Blut|er|guss, die Blutergüsse
die Blut|grup|pe, die Blutgruppen
blu|tig
bo|ckig
der Bo|den, die Böden
er bog (→ biegen)
die Boh|ne, die Bohnen
boh|ren, er/sie bohrt, bohrte
der Boh|rer, die Bohrer
die Bom|be, die Bomben
das Bon|bon/der Bon|bon, die Bonbons
das Boot, die Boote
bor|gen, er/sie borgt, borgte
bö|se *(↔ lieb)*
Bos|ni|en-Her|ze|go|wi|na
der Bo|te, die Boten
die Bot|schaft, die Botschaften
bo|xen, er/sie boxt, boxte
der Bo|xer, die Boxer

die Bo|xe|rin, die Boxerinnen
sie brach (→ brechen)
er brach ein (→ einbrechen)
sie brach|te (→ bringen)
der Brand, die Brände
Bran|den|burg
es brann|te (→ brennen)
sie brät (→ braten)
bra|ten, er/sie brät, briet
die Brat|wurst, die Bratwürste
brau|chen, er/sie braucht, brauchte
braun
das Brau|se|pul|ver
die Braut, die Bräute
der Bräu|ti|gam, die Bräutigame
das Braut|kleid, die Brautkleider
brav (↔ *ungezogen)*
bra|vo
bre|chen, er/sie bricht, brach
der Brei, die Breie
breit (↔ *schmal)*
Bre|men
die Brem|se, die Bremsen
brem|sen, er/sie bremst, bremste
bren|nen, es brennt, brannte
die Brenn|nes|sel, die Brennnesseln
das Brett, die Bretter
die Bre|zel, die Brezeln *(Breze)*
er bricht (→ brechen)
sie bricht ein (→ einbrechen)
der Brief, die Briefe
die Brief|mar|ke, die Briefmarken
der Brief|um|schlag, die Briefumschläge
er briet (→ braten)
die Bril|le, die Brillen
brin|gen, er/sie bringt, brachte
die Brom|bee|re, die Brombeeren
die Bron|ze *(eine Metallmischung)*
das Brot, die Brote
das Bröt|chen, die Brötchen
der Bruch, die Brüche
die Brü|cke, die Brücken
der Bru|der, die Brüder
brü|der|lich
brül|len, er/sie brüllt, brüllte
brum|men, er/sie brummt, brummte

der **Brun|nen**, die Brunnen

die **Brust**, die Brüste

bru|tal *(↔ sanft)*

der **Bub**, die Buben *(landsch. für Junge)*

das **Buch**, die Bücher

die **Bu|che**, die Buchen

die **Bü|che|rei**, die Büchereien

der **Bü|cher|wurm**, die Bücherwürmer

die **Büch|se**, die Büchsen

der **Buch|sta|be**, die Buchstaben

sich **bü|cken**, er/sie bückt sich, bückte sich

der **Bud|dhis|mus** *(Lehre Buddhas; eine Religion)*

das **Bü|gel|ei|sen**, die Bügeleisen

bü|geln, er/sie bügelt, bügelte

die **Büh|ne**, die Bühnen

sie **buk** (→ backen)

Bul|ga|ri|en

bul|ga|risch

der **Bu|me|rang**, die Bumerangs *(ein Wurfholz)*

bum|meln, er/sie bummelt, bummelte

der **Bun|des|kanz|ler**, die Bundeskanzler

die **Bun|des|kanz|le|rin**, die Bundeskanzlerinnen

die **Bun|des|li|ga**, die Bundesligen

die **Bun|des|re|pu|blik** **(Bun|des|re|pub|lik)**

die **Bun|des|wehr**

bunt *(↔ einfarbig)*

der **Bunt|stift**, die Buntstifte

die **Burg**, die Burgen

der **Bür|ger**, die Bürger

die **Bür|ge|rin**, die Bürgerinnen

der **Bür|ger|meis|ter**, die Bürgermeister

die **Bür|ger|meis|te|rin**, die Bürgermeisterinnen

der **Bür|ger|steig**, die Bürgersteige

das **Bü|ro**, die Büros

die **Bürs|te**, die Bürsten

bürs|ten, er/sie bürstet, bürstete

der **Bus**, die Busse

der **Busch**, die Büsche

die **Bu|ße**

bü|ßen, er/sie büßt, büßte
die But|ter
die But|ter|milch
das Byte, die Bytes *(Computersprache: eine bestimmte, sehr kleine Datenmenge)*

C

das Ca|brio (Cab|rio), die Cabrios
cam|pen, er/sie campt, campte
der Cam|ping|platz, die Campingplätze
die CD, die CDs *(Abkürzung für englisch compact disc; ein Speichermedium)*
der CD-Play|er (CD-Pla|yer), die CD-Player
die CD-ROM, die CD-ROMs *(→ CD, deren Inhalt nicht mehr gelöscht oder verändert werden kann)*
das Cel|lo, die Cellos/Celli *(ein Saiteninstrument)*
Cel|si|us *(Einheit auf der Temperaturskala, benannt nach dem Schweden Anders Celsius)*
der Cent, die Cent/Cents
die Chan|ce, die Chancen
der Chef, die Chefs
die Che|fin, die Chefinnen
die Che|mie
Chi|na
chi|ne|sisch
die Chips
der Chor, die Chöre
der Christ, die Christen
der Christ|baum, die Christbäume
das Chris|ten|tum *(eine Religion)*
die Chris|tin, die Christinnen
Chris|tus *(Jesus Christus; das Wort bedeutet „Gesalbter“)*
die Chro|nik, die Chroniken *(Aufzeichnung von Ereignissen in ihrer zeitlichen Abfolge)*
ciao *(italienischer Gruß)*
die Ci|ty, die Citys *(englisches Wort für Innenstadt)*

A B C D E F G H I J K L M N O P Q R S T U V W X Y Z

cle|ver *(englisches Wort für klug, schlau)*
der Clown, die Clowns
der Club, die Clubs
die Co|la, die Colas
der Co|mic, die Comics
der Com|pu|ter, die Computer
cool
die Corn|flakes
die Couch, die Couches *(Sofa)*
der Cou|sin, die Cousins
die Cou|si|ne, die Cousinen
der Cow|boy, die Cowboys
die Creme, die Cremes
der Cur|sor, die Cursors *(Computersprache: Bildschirmzeiger)*

D

da
da|bei
das Dach, die Dächer
der Dachs, die Dachse
er dach|te (→ denken)
sie dach|te nach (→ nachdenken)
der Da|ckel, die Dackel
da|durch
da|für
da|ge|gen
da|heim *(landsch. für zu Hause)*
da|her
da|hin
da|hin|ter
da|mals
die Da|me, die Damen
da|mit
däm|lich
der Dampf, die Dämpfe
damp|fen, es dampft, dampfte
da|nach
da|ne|ben
Dä|ne|mark
dä|nisch
der Dank
die Dank|bar|keit
dan|ken, er/sie dankt, dankte
dann
da|ran (dar|an)
da|rauf (dar|auf)
da|raus (dar|aus)
er darf (→ dürfen)
da|rin (dar|in)

da|rü|ber (dar|ü|ber)
da|rum (dar|um)
das
dass *(eine Konjunktion, ein Bindewort)*
das|sel|be
der Da|tiv *(3. Fall, Wemfall)*
das Da|tum
der Dau|men, die Daumen
da|von
da|vor
da|zu
die De|cke, die Decken
de|cken, er/sie deckt, deckte
deh|nen, er/sie dehnt, dehnte
die Deh|nung, die Dehnungen
dein, deine, deiner
die De|ko|ra|ti|on, die Dekorationen
der Del|fin, die Delfine
dem
dem|nach
dem|nächst
die De|mo|kra|tie, die Demokratien *(eine Staatsform, bei der das Volk die Männer und Frauen wählt, die den Staat leiten)*

de|mo|kra|tisch
der De|mons|trant (De|monst|rant), die Demonstranten
die De|mons|tran|tin (De|monst|ran|tin), die Demonstrantinnen
die De|mons|tra|ti|on (De|monst|ra|ti|on), die Demonstrationen *(Protestkundgebung)*
de|mons|trie|ren (de|monst|rie|ren), er/sie demonstriert, demonstrierte
den
den|ken, er/sie denkt, dachte
das Denk|mal, die Denkmäler
denn
der
de|ren
der|je|ni|ge
der|sel|be
des
des|halb
des|sen
des|to
des|we|gen

der De|tek|tiv, die Detektive
die De|tek|ti|vin,
die Detektivinnen
deut|lich
deutsch
der Deut|sche, die Deutschen
die Deut|sche, die Deutschen
Deutsch|land
der De|zem|ber
der De|zi|me|ter
das Dia, die Dias
der Di|a|lekt, die Dialekte
(Mundart, die nur in bestimmten Teilen eines Landes gesprochen wird)
der Di|a|mant,
die Diamanten
die Di|ät, die Diäten
dich
dicht
dich|ten, er/sie dichtet,
dichtete
der Dich|ter, die Dichter
die Dich|te|rin, die Dichterinnen
dick *(↔ dünn)*
dick|köp|fig
die
der Dieb, die Diebe
die Die|bin, die Diebinnen
der Dieb|stahl, die Diebstähle
die Die|le, die Dielen
die|nen, er/sie dient,
diente
der Dienst, die Dienste
der Diens|tag, die Dienstage
dies, diese, dieser
der Die|sel
die|sel|be
der Die|sel|mo|tor,
die Dieselmotoren
di|gi|tal *(↔ analog)*
das Dik|tat, die Diktate
dik|tie|ren, er/sie diktiert,
diktierte
das Ding, die Dinge
der Di|no|sau|ri|er,
die Dinosaurier
dir
di|rekt
der Di|rek|tor, die Direktoren
die Di|rek|to|rin,
die Direktorinnen
der Di|ri|gent, die Dirigenten
die Di|ri|gen|tin,
die Dirigentinnen
das Dirndl, die Dirndl
(Trachtenkleid)
die Disco, die Discos

die Dis|ket|te, die Disketten *(Computersprache: Datenträger zum Speichern von Daten)*
die Dis|kus|si|on, die Diskussionen
dis|ku|tie|ren, er/sie diskutiert, diskutierte
das Dis|play, die Displays *(Computersprache: Bildschirm bei Computern oder Handys)*
di|vi|die|ren, er/sie dividiert, dividierte
die Di|vi|si|on, die Divisionen
doch
der Docht, die Dochte
der Dok|tor, die Doktoren
die Dok|to|rin, die Doktorinnen
das Do|ku|ment, die Dokumente
der Dol|lar, die Dollars
der Dom, die Dome
der Dö|ner Ke|bab, die Döner Kebabs
der Don|ner
don|nern, es donnert, donnerte
der Don|ners|tag, die Donnerstage
doof
der Dop|pel|punkt, die Doppelpunkte
dop|pelt
das Dorf, die Dörfer
dort
die Do|se, die Dosen
der Dot|ter, die Dotter
der Dra|che, die Drachen *(ein geflügeltes Fabelwesen)*
der Dra|chen, die Drachen *(ein Fluggerät)*
der Draht, die Drähte
drän|geln, er/sie drängelt, drängelte
drau|ßen
der Dreck
dre|ckig *(↔ sauber)*
dre|hen, er/sie dreht, drehte
die Dre|hung, die Drehungen
drei
das Drei|eck, die Dreiecke
drei|ßig
drei|zehn
drib|beln, er/sie dribbelt, dribbelte
drin
drin|gend
drin|nen

A B C **D** E F G H I J K L M N O P Q R S T U V W X Y Z

drit|te, dritter, drittes
das Drit|tel, die Drittel
dro|hen, er/sie droht, drohte
die Dro|hung, die Drohungen
die Dros|sel, die Drosseln
drü|ben
der Druck, die Drucke *(Vervielfältigung, z.B. eines Gemäldes)*
dru|cken, er/sie druckt, druckte
drü|cken, er/sie drückt, drückte
der Dru|cker, die Drucker *(Gerät, das Computerdokumente auf Papier ausdruckt)*
der Druck|knopf, die Druckknöpfe
der Dschun|gel
du
der Duft, die Düfte
duf|ten, es duftet, duftete
dumm, dümmer, am dümmsten *(↔ klug)*
die Dumm|heit, die Dummheiten
dumpf
dun|kel
die Dun|kel|heit

dünn *(↔ dick)*
durch
durch|ei|nan|der (durch|ein|an|der)
durch|sich|tig
dür|fen, er/sie darf, durfte
sie durf|te (→ dürfen)
dürr
der Durst
durs|tig
die Du|sche, die Duschen
du|schen, er/sie duscht, duschte
dus|ter *(↔ hell)*
das Dut|zend
die DVD, die DVDs *(Abkürzung für englisch digital versatile disc; ein Speichermedium)*
das Dy|na|mit *(ein Sprengstoff)*
der Dy|na|mo, die Dynamos *(ein Stromerzeuger)*

E

die Eb|be, die Ebben
eben
eben|so
das Echo, die Echos *(Widerhall)*
echt
die Ecke, die Ecken
eckig *(↔ rund)*
edel
der Edel|stein, die Edelsteine
der Efeu
egal
ehe
die Ehe, die Ehen
die Eh|re, die Ehren
der Ehr|geiz
ehr|gei|zig
ehr|lich
das Ei, die Eier
die Ei|che, die Eichen
die Ei|chel, die Eicheln
das Eich|hörn|chen, die Eichhörnchen
die Ei|dech|se, die Eidechsen
der Ei|fer
ei|fer|süch|tig
eif|rig *(↔ träge, faul)*
das Ei|gelb, die Eigelbe
ei|ge|ne, eigener, eigenes
ei|gent|lich
das Ei|gen|tor, die Eigentore
das Ei|gen|tum
die Ei|le
ei|len, er/sie eilt, eilte
der Ei|mer, die Eimer
ein, eine, einer
ei|nan|der (ein|an|der)
die Ein|bahn|stra|ße, die Einbahnstraßen
ein|bre|chen, er/sie bricht ein, brach ein
der Ein|bre|cher, die Einbrecher
die Ein|bre|che|rin, die Einbrecherinnen
ein|fach
der Ein|fall, die Einfälle
ein|fal|len, er/sie fällt ein, fiel ein
der Ein|fluss, die Einflüsse
der Ein|gang, die Eingänge
ein|ge|bro|chen (→ einbrechen)
ei|ni|ge
sich ei|ni|gen, er/sie einigt sich, einigte sich
der Ein|kauf, die Einkäufe

ein|kau|fen, er/sie kauft ein, kaufte ein
ein|la|den, er/sie lädt ein, lud ein
die Ein|la|dung, die Einladungen
die Ein|lei|tung, die Einleitungen
ein|mal
das Ein|mal|eins
eins
ein|sam
die Ein|sam|keit
einst
ein|ver|stan|den
das Ein|ver|ständ|nis
der Ein|woh|ner, die Einwohner
die Ein|woh|ne|rin, die Einwohnerinnen
die Ein|zahl
die Ein|zel|heit, die Einzelheiten
ein|zeln
ein|zig
ein|zig|ar|tig
das Eis
der Eis|bär, die Eisbären
der Eis|be|cher, die Eisbecher
das Ei|sen
die Ei|sen|bahn, die Eisenbahnen
das Eis|ho|ckey
eis|kalt (↔ *heiß*)
ei|tel
die Ei|tel|keit, die Eitelkeiten
der Ekel
ek|lig
der Ele|fant, die Elefanten
der Elek|tri|ker, die Elektriker
die Elek|tri|ker|in, die Elektrikerinnen
elek|trisch (elekt|risch)
die Elek|tri|zi|tät (Elekt|ri|zi|tät)
das Elend
elf
der Elf|me|ter, die Elfmeter
der Ell|bo|gen, die Ellbogen
die Els|ter, die Elstern
die El|tern
die E-Mail, die E-Mails *(englisches Wort für elektronische Post)*
er emp|fahl (→ empfehlen)
sie emp|fand (→ empfinden)
emp|fan|gen, er/sie empfängt, empfing

der Emp|fän|ger, die Empfänger
die Emp|fän|ge|rin, die Empfängerinnen
er emp|fängt (→ empfangen)
emp|feh|len, er/sie empfiehlt, empfahl
die Emp|feh|lung, die Empfehlungen
sie emp|fiehlt (→ empfehlen)
emp|fin|den, er/sie empfindet, empfand
emp|find|lich
er emp|fing (→ empfangen)
emp|foh|len (→ empfehlen)
emp|fun|den (→ empfinden)
em|pört
die Em|pö|rung
das En|de, die Enden
end|lich
end|los
die Ener|gie, die Energien
eng (↔ *weit*)
die En|ge
der En|gel, die Engel
Eng|land
eng|lisch

der En|kel, die Enkel
die En|ke|lin, die Enkelinnen
ent|de|cken, er/sie entdeckt, entdeckte
die En|te, die Enten
ent|fer|nen, er/sie entfernt, entfernte
die Ent|fer|nung, die Entfernungen
die Ent|füh|rung, die Entführungen
ent|ge|gen
ent|geg|nen, er/sie entgegnet, entgegnete
ent|hal|ten, er/sie enthält, enthielt
es ent|hält (→ enthalten)
es ent|hielt (→ enthalten)
sie ent|kam (→ entkommen)
ent|kom|men, er/sie entkommt, entkam
ent|lang
ent|las|sen, er/sie entlässt, entließ
er ent|lässt (→ entlassen)
die Ent|las|sung, die Entlassungen
sie ent|ließ (→ entlassen)

A B C D E F G H I J K L M N O P Q R S T U V W X Y Z

A B C D **E** F G H I J K L M N O P Q R S T U V W X Y Z

ent|schei|den, er/sie entscheidet, entschied

die Ent|schei|dung, die Entscheidungen

er ent|schied (→ entscheiden)

ent|schie|den (→ entscheiden)

sich ent|schlie|ßen, er/sie entschließt sich, entschloss sich

sie ent|schloss sich (→ entschließen)

ent|schlos|sen (→ entschließen)

sich ent|schul|di|gen, er/sie entschuldigt sich, entschuldigte sich

die Ent|schul|di|gung, die Entschuldigungen

ent|sor|gen, er/sie entsorgt, entsorgte

es ent|stand (→ entstehen)

ent|stan|den (→ entstehen)

ent|ste|hen, es entsteht, entstand

ent|täu|schen, er/sie enttäuscht, enttäuschte

die Ent|täu|schung, die Enttäuschungen

er ent|warf (→ entwerfen)

ent|we|der

ent|wer|fen, er/sie entwirft, entwarf

ent|wi|ckeln, er/sie entwickelt, entwickelte

die Ent|wick|lung, die Entwicklungen

sie ent|wirft (→ entwerfen)

ent|wor|fen (→ entwerfen)

die Ent|zün|dung, die Entzündungen

er

das Er|be

der Er|be, die Erben

er|ben, er/sie erbt, erbte

er|beu|ten, er/sie erbeutet, erbeutete

die Er|bin, die Erbinnen

die Erb|se, die Erbsen

die Erd|bee|re, die Erdbeeren

die Er|de

das Erd|ge|schoss, die Erdgeschosse

die Erd|kun|de

die Erd|nuss, die Erdnüsse

der Erd|teil, die Erdteile
sich er|eig|nen, es ereignet sich, ereignete sich
das Er|eig|nis, die Ereignisse
er|fah|ren, er/sie erfährt, erfuhr
die Er|fah|rung, die Erfahrungen
der Er|fin|der, die Erfinder
die Er|fin|de|rin, die Erfinderinnen
der Er|folg, die Erfolge
er|for|schen, er/sie erforscht, erforschte
er|freu|lich
er|fri|schen, es erfrischt, erfrischte
er|gän|zen, er/sie ergänzt, ergänzte
das Er|geb|nis, die Ergebnisse
sich er|in|nern, er/sie erinnert sich, erinnerte sich
die Er|in|ne|rung, die Erinnerungen
sich er|käl|ten, er/sie erkältet sich, erkältete sich
die Er|käl|tung, die Erkältungen
er|kannt (→ erkennen)
er er|kann|te (→ erkennen)
er|ken|nen, er/sie erkennt, erkannte
er|klä|ren, er/sie erklärt, erklärte
die Er|klä|rung, die Erklärungen
er|kun|den, er/sie erkundet, erkundete
sich er|kun|di|gen, er/sie erkundigt sich, erkundigte sich
die Er|kun|di|gung, die Erkundigungen
er|lau|ben, er/sie erlaubt, erlaubte
die Er|laub|nis, die Erlaubnisse
die Er|le, die Erlen
er|le|ben, er/sie erlebt, erlebte
das Er|leb|nis, die Erlebnisse
er|le|di|gen, er/sie erledigt, erledigte
er|leich|tert
er|ler|nen, er/sie erlernt, erlernte

A B C D E F G H I J K L M N O P Q R S T U V W X Y Z

er|mah|nen, er/sie ermahnt, ermahnte
die Er|mah|nung, die Ermahnungen
er|näh|ren, er/sie ernährt, ernährte
die Er|näh|rung
ernst *(↔ heiter, unbeschwert)*
die Ern|te, die Ernten
ern|ten, er/sie erntet, erntete
er|pres|sen, er/sie erpresst, erpresste
die Er|pres|sung, die Erpressungen
er|rei|chen, er/sie erreicht, erreichte
er|schei|nen, er/sie erscheint, erschien
die Er|schei|nung, die Erscheinungen
sie er|schien (→ erscheinen)
er|schie|nen (→ erscheinen)
er|schöpft *(↔ frisch, fit)*
er er|schrak (→ erschrecken)
er|schre|cken, er/sie erschrickt, erschrak
sie er|schrickt (→ erschrecken)
er|schro|cken (→ erschrecken)
er|set|zen, er/sie ersetzt, ersetzte
erst
ers|te, erster, erstes
er|sti|cken, er/sie erstickt, erstickte
er er|trank (→ ertrinken)
er|trin|ken, er/sie ertrinkt, ertrank
er|trun|ken (→ ertrinken)
er|wach|sen
der Er|wach|se|ne, die Erwachsenen
die Er|wach|se|ne, die Erwachsenen
er|wäh|nen, er/sie erwähnt, erwähnte
er|war|ten, er/sie erwartet, erwartete
die Er|war|tung, die Erwartungen
er|wi|schen, er/sie erwischt, erwischte
er|zäh|len, er/sie erzählt, erzählte
die Er|zäh|lung, die Erzählungen

er|zie|hen, er/sie erzieht, erzog
der Er|zie|her, die Erzieher
die Er|zie|he|rin, die Erzieherinnen
die Er|zie|hung
sie er|zog (→ erziehen)
er|zo|gen (→ erziehen)
es
der Esel, die Esel
das Es|sen, die Essen
es|sen, er/sie isst, aß
der Es|sig, die Essige
Est|land
est|län|disch
die Eta|ge, die Etagen *(Stockwerk)*
das Etui, die Etuis *(Behälter oder Schutzhülle, z. B. für eine Brille)*
et|wa
et|was
euch
eu|er, eure
die Eu|le, die Eulen
der Eu|ro, die Euros
Eu|ro|pa
der Eu|ro|pä|er, die Europäer
die Eu|ro|pä|e|rin, die Europäerinnen
eu|ro|pä|isch
das Eu|ter, die Euter
evan|ge|lisch
das Evan|ge|li|um, die Evangelien *(die ersten vier Bücher des Neuen Testaments in der Bibel; das Wort bedeutet „gute Botschaft“)*
ewig
die Ewig|keit, die Ewigkeiten
die Ex|pe|di|ti|on, die Expeditionen *(Forschungsreise)*
das Ex|pe|ri|ment, die Experimente *(wissenschaftlicher Versuch)*
ex|plo|die|ren, er/sie explodiert, explodierte
die Ex|plo|si|on, die Explosionen
ex|tra (ext|ra)

A B C D E **F** G H I J K L M N O P Q R S T U V W X Y Z

F

die Fa|bel, die Fabeln
die Fa|brik (Fab|rik), die Fabriken
das Fach, die Fächer
die Fa|ckel, die Fackeln
der Fa|den, die Fäden
fä|hig
die Fä|hig|keit, die Fähigkeiten
die Fahr|bahn, die Fahrbahnen
die Fäh|re, die Fähren
fah|ren, er/sie fährt, fuhr
der Fah|rer, die Fahrer
die Fah|re|rin, die Fahrerinnen
die Fahr|kar|te, die Fahrkarten
das Fahr|rad, die Fahrräder
er fährt (→ fahren)
sie fährt ab (→ abfahren)
er fährt Rad (→ Rad fahren)
er fährt weg (→ wegfahren)
die Fahrt, die Fahrten
die Fähr|te, die Fährten
das Fahr|zeug, die Fahrzeuge
fair *(englisches Wort für gerecht)*
fal|len, er/sie fällt, fiel
fäl|len, er/sie fällt, fällte
er fällt (→ fallen)
sie fällt auf (→ auffallen)
ihm fällt ein (→ einfallen)
sie fällt hin (→ hinfallen)
falsch *(↔ richtig)*
die Fal|te, die Falten
fal|ten, er/sie faltet, faltete
die Fa|mi|lie, die Familien
der Fan, die Fans *(englisches Wort für einen begeisterten Anhänger, z. B. einer Popgruppe)*
sie fand (→ finden)
es fand statt (→ stattfinden)
fan|gen, er/sie fängt, fing
er fängt (→ fangen)
sie fängt an (→ anfangen)
die Fan|ta|sie, die Fantasien
die Far|be, die Farben
der Fa|sching, die Faschings
das Fass, die Fässer
fas|sen, er/sie fasst, fasste
fas|ten, er/sie fastet, fastete
das Fast Food *(englisches Wort für ein schnell verzehrbares Gericht)*
die Fast|nacht *(Fasching)*
faul

fau|len|zen, er/sie faulenzt, faulenzte
die Faust, die Fäuste
das Fax, die Faxe
fa|xen, er/sie faxt, faxte
der Fe|bru|ar (Feb|ru|ar)
die Fe|der, die Federn
die Fee, die Feen
feh|len, er/sie fehlt, fehlte
der Feh|ler, die Fehler
feh|ler|frei *(↔ fehlerhaft)*
die Fei|er, die Feiern
fei|ern, er/sie feiert, feierte
der Fei|er|tag, die Feiertage
fei|ge *(↔ mutig, tapfer)*
die Fei|ge, die Feigen
der Feig|ling, die Feiglinge
fein
der Feind, die Feinde
die Fein|din, die Feindinnen
feind|lich
das Feld, die Felder
das Fell, die Felle
der Fels, die Felsen
das Fens|ter, die Fenster
die Fe|ri|en
das Fer|kel, die Ferkel
das Fern|glas, die Ferngläser
das Fern|rohr, die Fernrohre
fern|se|hen, er/sie sieht fern, sah fern
der Fern|se|her, die Fernseher
die Fer|se, die Fersen
fer|tig
die Fes|sel, die Fesseln
fes|seln, er/sie fesselt, fesselte
fest *(↔ locker)*
das Fest, die Feste
fest|lich
die Fest|plat|te, die Festplatten *(Speicher des Computers)*
fett
das Fett, die Fette
feucht *(↔ trocken)*
die Feuch|tig|keit
das Feu|er, die Feuer
der Feu|er|alarm, die Feueralarme
feu|er|rot
die Feu|er|wehr, die Feuerwehren
die Fi|bel, die Fibeln
die Fich|te, die Fichten
das Fie|ber
er fiel (→ fallen)
sie fiel auf (→ auffallen)
ihm fiel ein (→ einfallen)

sie **fiel hin** (→ hinfallen)
die **Fi|gur**, die Figuren
der **Film**, die Filme
fil|men, er/sie filmt, filmte
der **Filz|stift**, die Filzstifte
fin|den, er/sie findet, fand
sie **fing** (→ fangen)
er **fing an** (→ anfangen)
der **Fin|ger**, die Finger
der **Fin|ger|na|gel**, die Fingernägel
der **Fink**, die Finken
fin|nisch
Finn|land
die **Fir|ma**, die Firmen
die **Fir|mung**, die Firmungen
der **Fisch**, die Fische
fi|schen, er/sie fischt, fischte
fit *(↔ untrainiert, träge)*
die **Fit|ness**
flach *(↔ steil, bergig)*
die **Flä|che**, die Flächen
die **Flag|ge**, die Flaggen
die **Flam|me**, die Flammen
die **Fla|sche**, die Flaschen
der **Fleck**, die Flecken
die **Fle|der|maus**, die Fledermäuse
fle|hen, er/sie fleht, flehte

das **Fleisch**
der **Fleiß**
flei|ßig *(↔ faul)*
die **Flie|ge**, die Fliegen
flie|gen, er/sie fliegt, flog
flie|hen, er/sie flieht, floh
die **Flie|se**, die Fliesen
flie|ßen, es fließt, floss
flit|zen, er/sie flitzt, flitzte
die **Flo|cke**, die Flocken
sie **flog** (→ fliegen)
sie **floh** (→ fliehen)
der **Floh**, die Flöhe
es **floss** (→ fließen)
das **Floß**, die Flöße
die **Flos|se**, die Flossen
die **Flö|te**, die Flöten
flö|ten, er/sie flötet, flötete
der **Fluch**, die Flüche
flu|chen, er/sie flucht, fluchte
flüch|ten, er/sie flüchtet, flüchtete
der **Flücht|ling**, die Flüchtlinge
der **Flug**, die Flüge
der **Flü|gel**, die Flügel
das **Flug|zeug**, die Flugzeuge
der **Fluss**, die Flüsse
flüs|sig

die Flüs|sig|keit, die Flüssigkeiten
flüs|tern, er/sie flüstert, flüsterte
die Flut, die Fluten
das Foh|len, die Fohlen
der Föhn, die Föhne
föh|nen, er/sie föhnt, föhnte
fol|gen, er/sie folgt, folgte
die Fo|lie, die Folien *(ein dünnes Blatt, z.B. aus Kunststoff)*
for|dern, er/sie fordert, forderte
för|dern, er/sie fördert, förderte
die For|de|rung, die Forderungen
die För|de|rung, die Förderungen
die Form, die Formen
for|men, er/sie formt, formte
for|schen, er/sie forscht, forschte
der For|scher, die Forscher
die For|sche|rin, die Forscherinnen
der Förs|ter, die Förster
die Förs|te|rin, die Försterinnen
fort
der Fort|schritt, die Fortschritte
das Fo|to, die Fotos
der Fo|to|ap|pa|rat, die Fotoapparate
der Fo|to|graf, die Fotografen
die Fo|to|gra|fie, die Fotografien
fo|to|gra|fie|ren, er/sie fotografiert, fotografierte
die Fo|to|gra|fin, die Fotografinnen
die Fo|to|ko|pie, die Fotokopien
das Foul, die Fouls *(Regelverstoß im Sport)*
der Frach|ter, die Frachter
die Fra|ge, die Fragen
fra|gen, er/sie fragt, fragte
das Fra|ge|zei|chen, die Fragezeichen
Frank|reich
fran|zö|sisch
er fraß (→ fressen)
die Frat|ze, die Fratzen *(Grimasse)*
die Frau, die Frauen

frech *(↔ brav)*
die **Frech|heit**, die Frechheiten
frei
die **Frei|heit**, die Freiheiten
der **Frei|tag**, die Freitage
frei|wil|lig *(↔ gezwungen)*
die **Frei|zeit**
fremd *(↔ bekannt)*
der **Frem|de**, die Fremden
die **Frem|de**, die Fremden
fres|sen, er/sie frisst, fraß
die **Freu|de**, die Freuden
freu|dig
sich **freu|en**, er/sie freut sich, freute sich
der **Freund**, die Freunde
die **Freun|din**, die Freundinnen
freund|lich
die **Freund|schaft**, die Freundschaften
der **Frie|den**
der **Fried|hof**, die Friedhöfe
fried|lich *(↔ kriegerisch)*
frie|ren, er/sie friert, fror
frisch
fri|sie|ren, er/sie frisiert, frisierte
der **Fri|sör/Fri|seur**, die Frisöre/Friseure
die **Fri|sö|rin/Fri|seu|rin**, die Frisörinnen/Friseurinnen
sie **frisst** (→ fressen)
die **Fri|sur**, die Frisuren
froh
fröh|lich *(↔ traurig)*
die **Fröh|lich|keit**
Fron|leich|nam
er **fror** (→ frieren)
der **Frosch**, die Frösche
der **Frost**
die **Frucht**, die Früchte
fruch|tig
früh *(↔ spät)*
das **Früh|jahr**
der **Früh|ling**, die Frühlinge
früh|lings|haft
das **Früh|stück**, die Frühstücke
früh|stü|cken, er/sie frühstückt, frühstückte
der **Fuchs**, die Füchse
füh|len, er/sie fühlt, fühlte
sie **fuhr** (→ fahren)
er **fuhr ab** (→ abfahren)
sie **fuhr Rad** (→ Rad fahren)
sie **fuhr weg** (→ wegfahren)
füh|ren, er/sie führt, führte
der **Füh|rer|schein**, die Führerscheine

die **Füh|rung**, die Führungen
fül|len, er/sie füllt, füllte
der **Fül|ler**, die Füller
die **Fül|lung**, die Füllungen
fünf
fünf|zehn
fünf|zig
der **Funk** *(z. B. in Form von Radio- oder Fernsehprogrammen)*
der **Fun|ke**, die Funken
fun|keln, er/sie funkelt, funkelte
fun|ken, er/sie funkt, funkte
die **Funk|ti|on**, die Funktionen
funk|ti|o|nie|ren, er/sie funktioniert, funktionierte
für
die **Furcht**
furcht|bar
sich **fürch|ten**, er/sie fürchtet sich, fürchtete sich
fürch|ter|lich
der **Fuß**, die Füße
der **Fuß|ball**, die Fußbälle
der **Fuß|ball|platz**, die Fußballplätze
der **Fuß|bo|den**, die Fußböden
der **Fuß|gän|ger**, die Fußgänger
die **Fuß|gän|ge|rin**, die Fußgängerinnen
das **Fut|ter**
füt|tern, er/sie füttert, fütterte

G

sie **gab** (→ geben)
sie **gab an** (→ angeben)
er **gab auf** (→ aufgeben)
sie **gab nach** (→ nachgeben)
die **Ga|bel**, die Gabeln
der **Gag**, die Gags *(englisches Wort für witziger Einfall)*
gäh|nen, er/sie gähnt, gähnte
der **Ga|lopp**, die Galopps
es **galt** (→ gelten)
der **Game|boy**, die Gameboys *(ein elektronisches Spielgerät)*
der **Gang**, die Gänge
der **Gangs|ter**, die Gangster *(englisches Wort für Verbrecher)*
die **Gans**, die Gänse

das Gän|se|blüm|chen, die Gänseblümchen
ganz, ganze, ganzer
gar nichts
die Ga|ra|ge, die Garagen
die Gar|di|ne, die Gardinen
das Garn, die Garne
der Gar|ten, die Gärten
der Gärt|ner, die Gärtner
die Gärt|ne|rei, die Gärtnereien
die Gärt|ne|rin, die Gärtnerinnen
das Gas, die Gase
der Gast, die Gäste
das Ge|bäu|de, die Gebäude
ge|ben, er/sie gibt, gab
das Ge|bet, die Gebete
ge|be|ten (→ bitten)
das Ge|biet, die Gebiete
das Ge|bir|ge, die Gebirge
das Ge|biss, die Gebisse
ge|bis|sen (→ beißen)
ge|blie|ben (→ bleiben)
ge|bo|gen (→ biegen)
ge|bracht (→ bringen)
ge|brannt (→ brennen)
ge|bro|chen (→ brechen)
ge|bun|den (→ binden)
die Ge|burt, die Geburten
der Ge|burts|tag, die Geburtstage
das Ge|büsch, die Gebüsche
ge|dacht (→ denken)
das Ge|dächt|nis, die Gedächtnisse
der Ge|dan|ke, die Gedanken
das Ge|dicht, die Gedichte
die Ge|duld
ge|dul|dig
ge|durft (→ dürfen)
die Ge|fahr, die Gefahren
ge|fähr|lich
ge|fal|len, er/sie gefällt, gefiel
es ge|fällt (→ gefallen)
das Ge|fäng|nis, die Gefängnisse
das Ge|fäß, die Gefäße
es ge|fiel (→ gefallen)
ge|flo|gen (→ fliegen)
ge|flo|hen (→ fliehen)
ge|flos|sen (→ fließen)
ge|fro|ren (→ frieren)
das Ge|fühl, die Gefühle
ge|fun|den (→ finden)
ge|gan|gen (→ gehen)
ge|gen
der Ge|gen|satz, die Gegensätze

der Ge|gen|stand, die Gegenstände
das Ge|gen|teil, die Gegenteile
ge|gen|über
die Ge|gen|wart
der Geg|ner, die Gegner
die Geg|ne|rin, die Gegnerinnen
ge|gol|ten (→ gelten)
ge|gos|sen (→ gießen)
ge|grif|fen (→ greifen)
ge|habt (→ haben)
das Ge|halt, die Gehälter
ge|han|gen (→ hängen)
das Ge|häu|se, die Gehäuse
das Ge|he|ge, die Gehege
ge|heim
das Ge|heim|nis, die Geheimnisse
ge|hen, er/sie geht, ging
das Ge|hirn, die Gehirne
die Ge|hirn|er|schüt|te|rung, die Gehirnerschütterungen
ge|ho|ben (→ heben)
ge|hol|fen (→ helfen)
das Ge|hör
ge|hor|chen, er/sie gehorcht, gehorchte
ge|hö|ren, er/sie gehört, gehörte
der Ge|hor|sam
ge|hor|sam
der Gei|er, die Geier
die Gei|ge, die Geigen
der Geist, die Geister
die Geis|ter|bahn, die Geisterbahnen
gei|zig (↔ *freigebig*)
der Geiz|kra|gen, die Geizkragen
ge|kannt (→ kennen)
ge|klun|gen (→ klingen)
ge|konnt (→ können)
ge|kro|chen (→ kriechen)
das Gel, die Gels
das Ge|län|de
das Ge|län|der, die Geländer
es ge|lang (→ gelingen)
gelb
das Geld, die Gelder
ge|le|gen (→ liegen)
die Ge|le|gen|heit, die Gelegenheiten
das Ge|lenk, die Gelenke
ge|lie|hen (→ leihen)
ge|lin|gen, es gelingt, gelang

A B C D E F G H I J K L M N O P Q R S T U V W X Y Z

ge|lit|ten (→ leiden)
ge|lo|gen (→ lügen)
gel|ten, es gilt, galt
ge|lun|gen (→ gelingen)
das Ge|mäl|de, die Gemälde
ge|mein
die Ge|mein|de, die Gemeinden
die Ge|mein|heit, die Gemeinheiten
ge|mein|sam
die Ge|mein|schaft, die Gemeinschaften
ge|mocht (→ mögen)
das Ge|mü|se
ge|musst (→ müssen)
ge|müt|lich
ge|nannt (→ nennen)
ge|nau
ge|nau|so
die Ge|ne|ra|ti|on, die Generationen
das Ge|nick, die Genicke
ge|nie|ßen, er/sie genießt, genoss
der Ge|ni|tiv *(2. Fall, Wesfall)*
ge|nom|men (→ nehmen)
sie ge|noss (→ genießen)
ge|nos|sen (→ genießen)
ge|nug

ge|nü|gend
die Geo|gra|fie *(Erdkunde)*
die Geo|met|rie (Geo|me|trie)
das Ge|päck
ge|pfif|fen (→ pfeifen)
ge|ra|de
ge|rannt (→ rennen)
er ge|rät (→ geraten)
das Ge|rät, die Geräte
ge|ra|ten, er/sie gerät, geriet
das Ge|räusch, die Geräusche
ge|recht
die Ge|rech|tig|keit
das Ge|richt, die Gerichte
ge|rie|ben (→ reiben)
sie ge|riet (→ geraten)
ge|ring
ge|rin|gelt
ge|ris|sen (→ reißen)
ge|rit|ten (→ reiten)
gern
ge|ro|chen (→ riechen)
der Ge|ruch, die Gerüche
ge|sandt (→ senden)
der Ge|sang, die Gesänge
das Ge|schäft, die Geschäfte
es ge|schah (→ geschehen)
ge|sche|hen, es geschieht, geschah

das Ge|schenk, die Geschenke
die Ge|schich|te,
die Geschichten
ge|schickt
es ge|schieht (→ geschehen)
ge|schie|nen (→ scheinen)
das Ge|schirr
das Ge|schlecht,
die Geschlechter
ge|schli|chen
(→ schleichen)
ge|schlos|sen
(→ schließen)
der Ge|schmack,
die Geschmäcker
ge|schmis|sen
(→ schmeißen)
ge|schmol|zen
(→ schmelzen)
ge|schnit|ten
(→ schneiden)
ge|scho|ben (→ schieben)
ge|schos|sen (→ schießen)
das Ge|schrei
ge|schrie|ben
(→ schreiben)
ge|schrien (→ schreien)
ge|schwie|gen
(→ schweigen)

die Ge|schwin|dig|keit,
die Geschwindigkeiten
die Ge|schwis|ter
ge|schwom|men
(→ schwimmen)
ge|schwo|ren (→ schwören)
ge|schwun|gen
(→ schwingen)
ge|sel|lig
die Ge|sell|schaft,
die Gesellschaften
ge|ses|sen (→ sitzen)
das Ge|setz, die Gesetze
ge|setz|lich
das Ge|sicht, die Gesichter
das Ge|spenst, die Gespenster
ge|spens|tisch
ge|spon|nen (→ spinnen)
das Ge|spräch, die Gespräche
ge|spro|chen (→ sprechen)
ge|sprun|gen (→ springen)
die Ge|stalt, die Gestalten
ge|stan|den (→ stehen)
der Ge|stank
ges|tern
ge|stie|gen (→ steigen)
ge|sto|chen (→ stechen)
ge|stoh|len (→ stehlen)
ge|stor|ben (→ sterben)

A B C D E F **G** H I J K L M N O P Q R S T U V W X Y Z

ge|stri|chen (→ streichen)
ge|strit|ten (→ streiten)
ge|stun|ken (→ stinken)
ge|sund, gesünder, am gesündesten (↔ *krank*)
die Ge|sund|heit
ge|sun|gen (→ singen)
ge|sun|ken (→ sinken)
ge|tan (→ tun)
das Ge|tränk, die Getränke
das Ge|trei|de
ge|trie|ben (→ treiben)
ge|trof|fen (→ treffen)
ge|trun|ken (→ trinken)
das Ge|wächs, die Gewächse
die Ge|walt
sie ge|wann (→ gewinnen)
das Ge|wäs|ser, die Gewässer
das Ge|wehr, die Gewehre
das Ge|weih, die Geweihe
ge|we|sen (→ sein)
das Ge|wicht, die Gewichte
ge|win|nen, er/sie gewinnt, gewann
das Ge|wis|sen
das Ge|wit|ter, die Gewitter
ge|wo|gen (→ wiegen)
ge|wohnt
ge|won|nen (→ gewinnen)
ge|wor|ben (→ werben)
ge|wor|den (→ werden)
ge|wor|fen (→ werfen)
das Ge|würz, die Gewürze
ge|wusst (→ wissen)
die Ge|zei|ten (*Ebbe und Flut*)
ge|zo|gen (→ ziehen)
ge|zwun|gen (→ zwingen)
er gibt (→ geben)
er gibt an (→ angeben)
sie gibt auf (→ aufgeben)
er gibt nach (→ nachgeben)
die Gier
gie|rig (↔ *bescheiden*)
gie|ßen, er/sie gießt, goss
die Gieß|kan|ne, die Gießkannen
das Gift, die Gifte
gif|tig
es gilt (→ gelten)
sie ging (→ gehen)
sie ging vor (→ vorgehen)
er ging weg (→ weggehen)
der Gip|fel, die Gipfel
der Gips, die Gipse
die Gi|raf|fe, die Giraffen
die Gir|lan|de, die Girlanden
die Gi|tar|re, die Gitarren
das Git|ter, die Gitter

der Glanz
glän|zen, es glänzt, glänzte
das Glas, die Gläser
glatt *(↔ rau)*
die Glat|ze, die Glatzen
der Glau|be
glau|ben, er/sie glaubt, glaubte
gleich
das Gleich|ge|wicht
gleich|gül|tig
gleich|zei|tig
der Glet|scher, die Gletscher
das Glied, die Glieder
glit|zern, er/sie glitzert, glitzerte
der Glo|bus, die Globen *(verkleinerte Nachbildung der Erdkugel)*
die Glo|cke, die Glocken
das Glück
glück|lich
glü|hen, es glüht, glühte
die Glut
die Gna|de, die Gnaden
gnä|dig
das Gold
gol|den
der Gold|fisch, die Goldfische
das Golf *(eine Sportart)*
der Go|ril|la, die Gorillas
er goss (→ gießen)
der Gott, die Götter
das Grab, die Gräber
der Gra|ben, die Gräben
gra|ben, er/sie gräbt, grub
der Grab|stein, die Grabsteine
sie gräbt (→ graben)
das Grad *(Temperatureinheit, z.B. 3 Grad Celcius)*
das Gramm *(z.B. 5 Gramm)*
die Gram|ma|tik *(Aufbau von Wörtern, Sätzen und Texten)*
das Gras, die Gräser
gra|tis *(umsonst, ohne Bezahlung)*
die Gra|tu|la|ti|on, die Gratulationen *(Beglückwünschung)*
gra|tu|lie|ren, er/sie gratuliert, gratulierte
grau
grau|en|haft
grau|sam
die Grau|sam|keit, die Grausamkeiten
grei|fen, er/sie greift, griff

der **Greis**, die Greise *(sehr alter Mann)*

die **Grei|sin**, die Greisinnen *(sehr alte Frau)*

die **Gren|ze**, die Grenzen

Grie|chen|land

grie|chisch

der **Grieß**

er **griff** (→ greifen)

sie **griff an** (→ angreifen)

der **Griff**, die Griffe

der **Grill**, die Grills

die **Gril|le**, die Grillen

gril|len, er/sie grillt, grillte

die **Gri|mas|se**, die Grimassen

grin|sen, er/sie grinst, grinste

die **Grip|pe**

grob, gröber, am gröbsten

groß, größer, am größten

Groß|bri|tan|ni|en

die **Groß|el|tern**

er **grub** (→ graben)

grü|beln, er/sie grübelt, grübelte

grün

der **Grund**, die Gründe

grün|den, er/sie gründet, gründete

die **Grund|schu|le**, die Grundschulen

das **Grund|stück**, die Grundstücke

grun|zen, es grunzt, grunzte

die **Grup|pe**, die Gruppen

gru|se|lig

der **Gruß**, die Grüße

Grüß Gott *(landsch. für Guten Tag)*

grü|ßen, er/sie grüßt, grüßte

gu|cken, er/sie guckt, guckte

gül|tig

das **Gum|mi|bär|chen**, die Gummibärchen

gur|geln, er/sie gurgelt, gurgelte

die **Gur|ke**, die Gurken

der **Gür|tel**, die Gürtel

gut, besser, am besten *(↔ schlecht, böse)*

die **Gü|te**

gü|tig

das **Gym|na|si|um**, die Gymnasien

die **Gym|nas|tik** *(Turnübungen)*

H

das Haar, die Haare
ha|ben, er/sie hat, hatte
ha|cken, er/sie hackt, hackte
der Ha|cker, die Hacker *(Mensch, der beruflich oder illegal in fremde Computersysteme eindringt)*
der Ha|fen, die Häfen
der Ha|fer
die Ha|fer|flo|cke, die Haferflocken
die Haft
der Häft|ling, die Häftlinge
der Ha|gel
ha|geln, es hagelt, hagelte
der Hahn, die Hähne
der Hai, die Haie
der Ha|ken, die Haken
halb
hal|be, halber, halbes
hal|bie|ren, er/sie halbiert, halbierte
sie half (→ helfen)
die Hälf|te, die Hälften
die Hal|le, die Hallen
hal|lo *(Ausruf zur Begrüßung)*
das Hal|lo|ween
der Hals, die Hälse
er hält (→ halten)
sie hält an (→ anhalten)
halt|bar
hal|ten, er/sie hält, hielt
die Hal|te|stel|le, die Haltestellen
Ham|burg
der Ham|bur|ger, die Hamburger
der Ham|mer, die Hämmer
der Hams|ter, die Hamster
die Hand, die Hände
han|deln, er/sie handelt, handelte
die Hand|lung, die Handlungen
der Hand|stand
das Hand|tuch, die Handtücher
der Hand|wer|ker, die Handwerker
die Hand|wer|ke|rin, die Handwerkerinnen
das Han|dy, die Handys *(Mobiltelefon)*
der Hang, die Hänge
hän|gen, es hängt, hing

A B C D E F G H I J K L M N O P Q R S T U V W X Y Z

A B C D E F G **H** I J K L M N O P Q R S T U V W X Y Z

hap|py *(englisches Wort für glücklich)*
die Hard|ware *(Sammelbegriff für die elektronischen Bauteile eines Computers, zu denen z. B. die Festplatte gehört)*
die Har|ke, die Harken
har|ken, er/sie harkt, harkte
hart, härter, am härtesten *(↔ weich)*
die Här|te, die Härten
der Ha|se, die Hasen
die Ha|sel|nuss, die Haselnüsse
der Hass
has|sen, er/sie hasst, hasste
häss|lich *(↔ schön)*
die Hast *(Eile)*
has|ten, er/sie hastet, hastete
er hat (→ haben)
sie hat|te (→ haben)
der Hau|fen, die Haufen
häu|fig *(↔ selten)*
das Haupt, die Häupter
der Häupt|ling, die Häuptlinge
die Haupt|sa|che
die Haupt|schu|le, die Hauptschulen *(eine Schulform der weiterführenden Schule)*
die Haupt|stadt, die Hauptstädte
das Haus, die Häuser
die Haus|auf|ga|be, die Hausaufgaben
der Haus|halt, die Haushalte
der Haus|meis|ter, die Hausmeister
die Haus|meis|te|rin, die Hausmeisterinnen
das Haus|tier, die Haustiere
die Haut, die Häute
der He|bel, die Hebel
he|ben, er/sie hebt, hob
die He|cke, die Hecken
das Heer, die Heere
die He|fe
das Heft, die Hefte
der Hef|ter, die Hefter
hef|tig
heil *(↔ zerstört)*
hei|len, er/sie heilt, heilte
hei|lig
Hei|lig|abend
das Heim, die Heime

die Hei|mat
heim|lich
das Heim|weh
hei|ra|ten, er/sie heiratet, heiratete
hei|ser
heiß *(↔ kalt)*
hei|ßen, er/sie heißt, hieß
hei|zen, er/sie heizt, heizte
die Hei|zung, die Heizungen
der Held, die Helden
die Hel|din, die Heldinnen
hel|fen, er/sie hilft, half
hell *(↔ dunkel, duster)*
der Helm, die Helme
das Hemd, die Hemden
der Hengst, die Hengste
die Hen|ne, die Hennen
her
he|rab (her|ab)
he|ran (her|an)
he|rauf (her|auf)
he|raus (her|aus)
her|bei
der Herbst, die Herbste
herbst|lich
der Herd, die Herde
die Her|de, die Herden
he|rein (her|ein)
der He|ring, die Heringe
der Herr, die Herren
herr|lich
herr|schen, er/sie herrscht, herrschte
der Herr|scher, die Herrscher
die Herr|sche|rin, die Herrscherinnen
her|stel|len, er/sie stellt her, stellte her
die Her|stel|lung
he|rum (her|um)
he|run|ter (her|un|ter)
her|vor
das Herz, die Herzen
herz|lich
Hes|sen
die Het|ze
het|zen, er/sie hetzt, hetzte
das Heu
heu|len, er/sie heult, heulte
heu|te
die He|xe, die Hexen
he|xen, er/sie hext, hexte
hi *(Ausruf zur Begrüßung)*
er hielt (→ halten)
sie hielt an (→ anhalten)
hier
er hieß (→ heißen)

A B C D E F G **H** I J K L M N O P Q R S T U V W X Y Z

die **Hil|fe,** die Hilfen
sie **hilft** (→ helfen)
die **Him|bee|re,** die Himbeeren
der **Him|mel,** die Himmel
himm|lisch *(↔ irdisch)*
hin
hi|naus (hin|aus)
das **Hin|der|nis,** die Hindernisse
der **Hin|du|is|mus** *(eine Religion)*
hi|nein (hin|ein)
hin|fal|len, er/sie fällt hin, fiel hin
er **hing** (→ hängen)
hin|le|gen, er/sie legt hin, legte hin
sich **hin|set|zen,** er/sie setzt sich hin, setzte sich hin
hin|stel|len, er/sie stellt hin, stellte hin
hin|ten
hin|ter
der **Hin|ter|grund,** die Hintergründe
hin|ter|her
der **Hin|tern,** die Hintern
hi|nü|ber (hin|ü|ber)
hin|zu
der **Hirsch,** die Hirsche
die **Hit|ze**
er **hob** (→ heben)
das **Hob|by,** die Hobbys *(englisches Wort für Freizeitbeschäftigung)*
hoch, höher, am höchsten *(↔ niedrig)*
die **Hoch|zeit,** die Hochzeiten
ho|cken, er/sie hockt, hockte
der **Ho|cker,** die Hocker
der **Ho|den,** die Hoden
der **Hof,** die Höfe
hof|fen, er/sie hofft, hoffte
hof|fent|lich
die **Hoff|nung,** die Hoffnungen
die **Höf|lich|keit**
die **Hö|he,** die Höhen
hohl
die **Höh|le,** die Höhlen
ho|len, er/sie holt, holte
die **Höl|le**
das **Holz,** die Hölzer
die **Home|page,** die Homepages *(im Internet aufrufbare Seite)*
der **Ho|nig,** die Honige
hop|sen, er/sie hopst, hopste

hö|ren, er/sie hört, hörte
der Ho|ri|zont, die Horizonte
das Horn, die Hörner
das Ho|ros|kop (Ho|ro|skop), die Horoskope *(Versuch einer Zukunftsvoraussage anhand der Stellung der Planeten)*
die Ho|se, die Hosen
das Ho|tel, die Hotels
hübsch
der Hub|schrau|ber, die Hubschrauber
der Huf, die Hufe
das Huf|ei|sen, die Hufeisen
die Hüf|te, die Hüften
der Hü|gel, die Hügel
das Huhn, die Hühner
die Hül|le, die Hüllen
die Hum|mel, die Hummeln
hum|peln, er/sie humpelt, humpelte
der Hund, die Hunde
hun|dert, hunderte
der Hun|ger
hung|rig *(↔ satt)*
die Hu|pe, die Hupen
hu|pen, er/sie hupt, hupte
hüp|fen, er/sie hüpft, hüpfte
der Hus|ten
hus|ten, er/sie hustet, hustete
der Hut, die Hüte
die Hüt|te, die Hütten

I

der ICE, die ICEs *(Abkürzung für **I**nter**c**ity**e**xpresszug)*
ich
ide|al
die Idee, die Ideen
der Idi|ot, die Idioten
idi|o|tisch
der Igel, die Igel
das Ig|lu, die Iglus
ihm
ihn
ih|nen
ihr
ih|re, ihrer, ihres
die Il|lus|tra|ti|on (Il|lust|ra|ti|on), die Illustrationen
der Il|lus|tra|tor (Il|lust|ra|tor), die Illustratoren

A B C D E F G H I J K L M N O P Q R S T U V W X Y Z

die Il|lus|tra|to|rin (Il|lust|ra|to|rin), die Illustratorinnen

der Il|tis, die Iltisse

im

der Im|ker, die Imker

die Im|ke|rin, die Imkerinnen

im|mer

imp|fen, er/sie impft, impfte

die Imp|fung, die Impfungen

in

der In|di|a|ner, die Indianer

die In|dus|trie (In|dust|rie), die Industrien

die In|fek|ti|on, die Infektionen *(Ansteckung mit einer Krankheit)*

die In|for|ma|ti|on, die Informationen

in|for|mie|ren, er/sie informiert, informierte

der In|ge|ni|eur, die Ingenieure

die In|ge|ni|eu|rin, die Ingenieurinnen

der In|halt, die Inhalte

der In|li|ner, die Inliner

in|nen

in|ner|halb

ins

das In|sekt, die Insekten

die In|sel, die Inseln

ins|ge|samt

das Ins|tru|ment (In|stru|ment), die Instrumente

in|tel|li|gent

die In|tel|li|genz

in|te|res|sant (in|ter|es|sant) *(↔ langweilig)*

das In|te|res|se (In|ter|es|se), die Interessen

in|ter|na|ti|o|nal

das In|ter|net *(weltweites Computernetzwerk)*

das In|ter|view, die Interviews *(Befragung einer Person, z. B. durch einen Reporter)*

die Inu|it *(Bewohner der Arktis; übersetzt heißt das Wort „Menschen“)*

in|zwi|schen

ir|gend|et|was

ir|gend|wann

ir|gend|wie

ir|gend|wo

irisch

Ir|land
sich ir|ren, er/sie irrt sich, irrte sich
der Irr|tum, die Irrtümer
der Is|lam *(eine Religion)*
sie isst (→ essen)
sie ist (→ sein)
Ita|li|en
ita|li|e|nisch

J

ja
die Ja|cke, die Jacken
die Jagd, die Jagden
ja|gen, er/sie jagt, jagte
der Jä|ger, die Jäger
die Jä|ge|rin, die Jägerinnen
das Jahr, die Jahre
das Jahr|hun|dert, die Jahrhunderte
jähr|lich
der Jahr|markt, die Jahrmärkte
das Jahr|tau|send, die Jahrtausende
das Jahr|zehnt, die Jahrzehnte
der Jam|mer
jäm|mer|lich
jam|mern, er/sie jammert, jammerte
der Ja|nu|ar
Ja|pan
ja|pa|nisch
ja|wohl
der Jazz *(eine Musikrichtung)*
die Jeans, die Jeans
je|de, jeder, jedes
je|den|falls
je|doch
der Jeep, die Jeeps *(ein Geländewagen)*
je|mand, jemanden
Je|sus *(Sohn Gottes im Christentum)*
jetzt
der Job, die Jobs *(englisches Wort für Arbeit, Arbeitsstelle)*
jo|deln, er/sie jodelt, jodelte
jog|gen, er/sie joggt, joggte
der Jo|gurt, die Jogurts
die Jo|han|nis|bee|re, die Johannisbeeren
jong|lie|ren, er/sie jongliert, jonglierte

der Jour|na|list, die Journalisten *(Mann, der beruflich für die Presse schreibt, z. B. für eine Zeitung oder das Fernsehen)*
die Jour|na|lis|tin, die Journalistinnen
ju|beln, er/sie jubelt, jubelte
ju|cken, er/sie juckt, juckte
der Ju|de, die Juden
das Ju|den|tum *(eine Religion)*
die Jü|din, die Jüdinnen
das Ju|do *(eine Sportart)*
die Ju|gend
die Ju|gend|her|ber|ge, die Jugendherbergen
ju|gend|lich
der Ju|gend|li|che, die Jugendlichen
die Ju|gend|li|che, die Jugendlichen
die Ju|gend|wei|he, die Jugendweihen *(feierliche Veranstaltung beim Übergang der Jugendlichen in das Erwachsenenleben)*
der Ju|li
jung, jünger, am jüngsten *(↔ alt)*
der Jun|ge, die Jungen
der Ju|ni
die Ju|ry, die Jurys
das Ju|wel, die Juwelen

K

das Ka|bel, die Kabel
die Ka|bi|ne, die Kabinen
die Ka|chel, die Kacheln
der Kä|fer, die Käfer
der Kaf|fee, die Kaffees
der Kä|fig, die Käfige
kahl
der Kahn, die Kähne
der Kai|ser, die Kaiser
die Kai|se|rin, die Kaiserinnen
der Ka|kao, die Kakaos
der Kak|tus, die Kakteen
das Kalb, die Kälber
der Ka|len|der, die Kalender
der Kalk
kalt, kälter, am kältesten *(↔ warm)*
die Käl|te

er **kam** (→ kommen)
das **Ka|mel**, die Kamele
die **Ka|me|ra**, die Kameras
der **Ka|me|rad**, die Kameraden
die **Ka|me|ra|din**, die Kameradinnen
der **Ka|min**, die Kamine
der **Kamm**, die Kämme
käm|men, er/sie kämmt, kämmte
die **Kam|mer**, die Kammern
der **Kampf**, die Kämpfe
kämp|fen, er/sie kämpft, kämpfte
der **Ka|nal**, die Kanäle
der **Ka|na|ri|en|vo|gel**, die Kanarienvögel
das **Kän|gu|ru**, die Kängurus
das **Ka|nin|chen**, die Kaninchen
der **Ka|nis|ter**, die Kanister
sie **kann** (→ können)
die **Kan|ne**, die Kannen
er **kann|te** (→ kennen)
der **Ka|non**, die Kanons
die **Ka|no|ne**, die Kanonen
die **Kan|te**, die Kanten
der **Kanz|ler**, die Kanzler
die **Kanz|le|rin**, die Kanzlerinnen
die **Ka|pel|le**, die Kapellen
ka|pie|ren, er/sie kapiert, kapierte
der **Ka|pi|tän**, die Kapitäne
die **Ka|pi|tä|nin**, die Kapitäninnen
das **Ka|pi|tel**, die Kapitel
die **Kap|pe**, die Kappen
ka|putt *(↔ heil, ganz)*
die **Ka|pu|ze**, die Kapuzen
das **Ka|ra|te** *(japanische Kampfform, bei der es um waffenlose Selbstverteidigung geht)*
der **Kar|frei|tag**, die Karfreitage
ka|riert
der **Ka|ri|es** *(Zahnkrankheit)*
der **Kar|ne|val**, die Karnevals *(Fasching)*
die **Ka|rot|te**, die Karotten *(gelbe Rübe)*
der **Karp|fen**, die Karpfen
die **Kar|re**, die Karren
die **Kar|te**, die Karten
die **Kar|tof|fel**, die Kartoffeln
der **Kar|ton**, die Kartons
das **Ka|rus|sell**, die Karussells/Karusselle
der **Kä|se**
der **Kas|per**, die Kasper

A B C D E F G H I J K L M N O P Q R S T U V W X Y Z

A B C D E F G H I J **K** L M N O P Q R S T U V W X Y Z

die Kas|se, die Kassen
die Kas|set|te, die Kassetten
der Kas|set|ten|re|kor|der, die Kassettenrekorder
die Kas|ta|nie, die Kastanien
der Ka|ta|log, die Kataloge
der Ka|ta|ly|sa|tor, die Katalysatoren *(Gerät zur Abgasreinigung beim Auto)*
die Ka|tas|tro|phe (Ka|ta|stro|phe), die Katastrophen *(ein großes Unglück)*
der Ka|ter, die Kater
ka|tho|lisch
die Kat|ze, die Katzen
kau|en, er/sie kaut, kaute
kau|fen, er/sie kauft, kaufte
der Kau|gum|mi, die Kaugummis
die Kaul|quap|pe, die Kaulquappen
kaum
der Ke|gel, die Kegel
ke|geln, er/sie kegelt, kegelte
keh|ren, er/sie kehrt, kehrte
der Keil, die Keile
kei|men, es keimt, keimte
kein, keine, keiner
der Keks, die Kekse
der Kel|ler, die Keller
der Kell|ner, die Kellner
die Kell|ne|rin, die Kellnerinnen
ken|nen, er/sie kennt, kannte
der Kerl, die Kerle
der Kern, die Kerne
die Ker|ze, die Kerzen
der Kes|sel, die Kessel
der Ket|chup, das Ketchup, die Ketchups
die Ket|te, die Ketten
keu|chen, er/sie keucht, keuchte
das Key|board, die Keyboards *(ein elektronisches Tasteninstrument)*
ki|chern, er/sie kichert, kicherte
der Kie|fer, die Kiefer *(ein Schädelknochen)*
die Kie|fer, die Kiefern *(ein Nadelbaum)*
der Kies
das Ki|lo|gramm *(z. B. 5 Kilogramm)*

der Ki|lo|me|ter
(z. B. 20 Kilometer)
das Kind, die Kinder
der Kin|der|gar|ten, die Kindergärten
das Kin|der|zim|mer, die Kinderzimmer
kind|lich
das Kinn, die Kinne
das Ki|no, die Kinos
der Ki|osk, die Kioske
kip|pen, er/sie kippt, kippte
die Kir|che, die Kirchen
die Kir|sche, die Kirschen
das Kis|sen, die Kissen
die Kis|te, die Kisten
kit|zeln, es kitzelt, kitzelte
die Kla|ge, die Klagen
kla|gen, er/sie klagt, klagte
der Klä|ger, die Kläger
die Klä|ge|rin, die Klägerinnen
die Klam|mer, die Klammern
klam|mern, er/sie klammert, klammerte
sie klang (→ klingen)
die Klap|pe, die Klappen
klap|pen, es klappt, klappte
klap|pern, er/sie klappert, klapperte
der Klaps, die Klapse
klar
die Klär|an|la|ge, die Kläranlagen
klä|ren, er/sie klärt, klärte
die Klar|heit
die Klas|se, die Klassen
die Klas|sen|fahrt, die Klassenfahrten
der Klas|sen|ka|me|rad, die Klassenkameraden
die Klas|sen|ka|me|ra|din, die Klassenkameradinnen
der Klas|sen|leh|rer, die Klassenlehrer
die Klas|sen|leh|re|rin, die Klassenlehrerinnen
der Klas|sen|raum, die Klassenräume
der Klas|sen|spre|cher, die Klassensprecher
die Klas|sen|spre|che|rin, die Klassensprecherinnen
klat|schen, er/sie klatscht, klatschte
klau|en, er/sie klaut, klaute
das Kla|vier, die Klaviere
kle|ben, er/sie klebt, klebte
der Kleb|stoff, die Klebstoffe

A B C D E F G H I J **K** L M N O P Q R S T U V W X Y Z

kle|ckern, er/sie kleckert, kleckerte
der Klecks, die Kleckse
der Klee
das Klee|blatt, die Kleeblätter
das Kleid, die Kleider
der Klei|der|schrank, die Kleiderschränke
klein *(↔ groß)*
die Klei|nig|keit, die Kleinigkeiten
klem|men, er/sie klemmt, klemmte
die Klet|te, die Kletten
klet|tern, er/sie klettert, kletterte
das Kli|ma
die Klin|gel, die Klingeln
klin|geln, er/sie klingelt, klingelte
klin|gen, er/sie klingt, klang
die Kli|nik, die Kliniken
die Klin|ke, die Klinken
die Klip|pe, die Klippen
klir|ren, es klirrt, klirrte
das Klo, die Klos
klop|fen, er/sie klopft, klopfte
der Kloß, die Klöße *(Knödel)*
das Klos|ter, die Klöster
der Klotz, die Klötze
klug, klüger, am klügsten *(↔ dumm)*
die Klug|heit
knab|bern, er/sie knabbert, knabberte
das Knä|cke|brot, die Knäckebrote
kna|cken, er/sie knackt, knackte
der Knall, die Knalle
knal|len, er/sie knallt, knallte
der Knecht, die Knechte
die Kne|te
kne|ten, er/sie knetet, knetete
kni|cken, er/sie knickt, knickte
der Knicks, die Knickse
das Knie, die Knie
knir|schen, er/sie knirscht, knirschte
knis|tern, es knistert, knisterte
der Knob|lauch
der Kno|chen, die Knochen
der Knopf, die Knöpfe
die Knos|pe, die Knospen
der Kno|ten, die Knoten

der Koch, die Köche
ko|chen, er/sie kocht, kochte
die Kö|chin, die Köchinnen
der Kof|fer, die Koffer
der Kohl
die Koh|le, die Kohlen
die Ko|kos|nuss, die Kokosnüsse
ko|misch
das Kom|ma, die Kommas *(ein Satzzeichen)*
kom|man|die|ren, er/sie kommandiert, kommandierte
das Kom|man|do, die Kommandos
kom|men, er/sie kommt, kam
der Kom|mis|sar, die Kommissare
die Kom|mis|sa|rin, die Kommissarinnen
die Kom|mo|de, die Kommoden
die Kom|mu|ni|on, die Kommunionen
der Kom|pass, die Kompasse
kom|plett
kom|pli|ziert *(↔ einfach)*

kom|po|nie|ren, er/sie komponiert, komponierte
der Kom|po|nist, die Komponisten
die Kom|po|nis|tin, die Komponistinnen
der Kom|post
die Kon|fir|ma|ti|on, die Konfirmationen
die Kon|fi|tü|re, die Konfitüren *(Marmelade mit Fruchtstückchen)*
der Kö|nig, die Könige
die Kö|ni|gin, die Königinnen
kö|nig|lich
kön|nen, er/sie kann, konnte
er konn|te (→ können)
die Kon|ser|ve, die Konserven
die Kon|ser|ven|büch|se, die Konservenbüchsen
der Kon|so|nant, die Konsonanten
der Kon|takt, die Kontakte
der Kon|ti|nent, die Kontinente *(Erdteil, z. B. Afrika)*
das Kon|to, die Konten
kon|tra *(gegen)*

A B C D E F G H I J **K** L M N O P Q R S T U V W X Y Z

die **Kon|trol|le (Kont|rol|le),** die Kontrollen
kon|trol|lie|ren (kont|rol|lie|ren), er/sie kontrolliert, kontrollierte
die **Kon|zen|tra|ti|on (Kon|zent|ra|ti|on)**
sich **kon|zen|trie|ren (kon|zent|rie|ren),** er/sie konzentriert sich, konzentrierte sich
das **Kon|zert,** die Konzerte
der **Kopf,** die Köpfe
der **Kopf|hö|rer,** die Kopfhörer
die **Ko|pie,** die Kopien
ko|pie|ren, er/sie kopiert, kopierte
der **Korb,** die Körbe
der **Kor|ken,** die Korken
der **Kör|per,** die Körper
die **Kor|rek|tur,** die Korrekturen
kor|ri|gie|ren, er/sie korrigiert, korrigierte
kost|bar *(↔ wertlos)*
die **Kos|ten**
kos|ten, es kostet, kostete
das **Kos|tüm,** die Kostüme
krab|beln, er/sie krabbelt, krabbelte

der **Krach**
kra|chen, es kracht, krachte
kräch|zen, er/sie krächzt, krächzte
die **Kraft,** die Kräfte
kräf|tig *(↔ schwach)*
der **Kra|gen,** die Kragen
die **Krä|he,** die Krähen
die **Kral|le,** die Krallen
der **Kram**
kra|men, er/sie kramt, kramte
der **Kran,** die Kräne
krank, kränker, am kränksten *(↔ gesund)*
das **Kran|ken|haus,** die Krankenhäuser
der **Kran|ken|pfle|ger,** die Krankenpfleger
die **Kran|ken|schwes|ter,** die Krankenschwestern
der **Kran|ken|wa|gen,** die Krankenwagen
die **Krank|heit,** die Krankheiten
der **Kranz,** die Kränze
der **Kra|ter,** die Krater
krat|zen, er/sie kratzt, kratzte

das **Kraut**, die Kräuter
die **Kra|wat|te**, die Krawatten
der **Krebs**, die Krebse
die **Krei|de**, die Kreiden
der **Kreis**, die Kreise
der **Krei|sel**, die Kreisel
das **Kreuz**, die Kreuze
die **Kreu|zung**, die Kreuzungen
krie|chen, er/sie kriecht, kroch
der **Krieg**, die Kriege
krie|gen, er/sie kriegt, kriegte
der **Kri|mi**, die Krimis
die **Krip|pe**, die Krippen
Kro|a|ti|en
kro|a|tisch
sie **kroch** (→ kriechen)
das **Kro|ko|dil**, die Krokodile
der **Kro|kus**, die Krokusse
die **Kro|ne**, die Kronen
die **Krö|te**, die Kröten
die **Krü|cke**, die Krücken
der **Krug**, die Krüge
krumm (↔ *gerade*)
die **Krus|te**, die Krusten
die **Kü|che**, die Küchen
der **Ku|chen**, die Kuchen
der **Ku|ckuck**, die Kuckucke
die **Ku|gel**, die Kugeln
der **Ku|gel|schrei|ber**, die Kugelschreiber
die **Kuh**, die Kühe
kühl
küh|len, er/sie kühlt, kühlte
der **Kühl|schrank**, die Kühlschränke
das **Kü|ken**, die Küken
die **Kul|tur**, die Kulturen
der **Kum|mer**
sich **küm|mern**, er/sie kümmert sich, kümmerte sich
die **Kunst**, die Künste
der **Künst|ler**, die Künstler
die **Künst|le|rin**, die Künstlerinnen
künst|le|risch
der **Kunst|stoff**, die Kunststoffe
das **Kunst|stück**, die Kunststücke
kunst|voll
das **Kunst|werk**, die Kunstwerke
das **Kup|fer** *(ein Metall)*
der **Kür|bis**, die Kürbisse
die **Kur|ve**, die Kurven

kurz, kürzer, am kürzesten *(↔ lang)*

der Kurz|schluss, die Kurzschlüsse

ku|scheln, er/sie kuschelt, kuschelte

die Kusine, die Kusinen

der Kuss, die Küsse

küs|sen, er/sie küsst, küsste

die Kut|sche, die Kutschen

kut|schie|ren, er/sie kutschiert, kutschierte

L

das La|bor, die Labors

das La|by|rinth, die Labyrinthe *(Irrgarten)*

lä|cheln, er/sie lächelt, lächelte

la|chen, er/sie lacht, lachte

der Lachs, die Lachse

der Lack, die Lacke

la|ckie|ren, er/sie lackiert, lackierte

der La|den, die Läden

la|den, er/sie lädt, lud

er lädt (→ laden)

sie lädt ein (→ einladen)

er lag (→ liegen)

das La|ger, die Lager

lahm

der Laib, die Laibe *(z. B. der Brotlaib)*

der Laich *(Eier von Wassertieren, z. B. Fröschen)*

das La|ma, die Lamas

das La|met|ta

das Lamm, die Lämmer

die Lam|pe, die Lampen

das Land, die Länder

lan|den, er/sie landet, landete

die Land|schaft, die Landschaften

die Lan|dung, die Landungen

der Land|wirt, die Landwirte

die Land|wir|tin, die Landwirtinnen

die Land|wirt|schaft

lang, länger, am längsten *(↔ kurz)*

die Lan|ge|wei|le

lang|sam *(↔ schnell)*

längst

lang|wei|lig *(↔ interessant)*

der **Lap|pen**, die Lappen
der **Lap|top**, die Laptops *(tragbarer kleiner Computer)*
die **Lär|che**, die Lärchen *(Nadelbaum)*
der **Lärm**
die **Lar|ve**, die Larven
sie **las** (→ lesen)
er **las vor** (→ vorlesen)
der **La|ser**, die Laser
der **La|ser|dru|cker**, die Laserdrucker *(Drucker, der mit Lasertechnik arbeitet)*
las|sen, er/sie lässt, ließ
läs|sig
das **Las|so**, die Lassos
sie **lässt** (→ lassen)
er **lässt los** (→ loslassen)
läs|tern, er/sie lästert, lästerte
der **Last|wa|gen**, die Lastwagen
das **La|tein**
la|tei|nisch
die **La|ter|ne**, die Laternen
das **Laub**
der **Laub|baum**, die Laubbäume
lau|ern, er/sie lauert, lauerte
lau|fen, er/sie läuft, lief
der **Läu|fer**, die Läufer
die **Läu|fe|rin**, die Läuferinnen
sie **läuft** (→ laufen)
er **läuft weg** (→ weglaufen)
laut *(↔ leise)*
der **Laut**, die Laute
der **Laut|spre|cher**, die Lautsprecher
die **La|va** *(geschmolzenes Gestein, das aus einem Vulkan austritt)*
die **La|wi|ne**, die Lawinen
das **Le|ben**, die Leben
le|ben, er/sie lebt, lebte
le|ben|dig *(↔ tot)*
leb|haft
der **Leb|ku|chen**, die Lebkuchen
le|cken, er/sie leckt, leckte
le|cker
das **Le|der**, die Leder
die **Le|der|ho|se**, die Lederhosen
le|dig|lich
leer *(↔ voll)*
die **Lee|re**
le|gen, er/sie legt, legte
der **Lehm**
die **Leh|ne**, die Lehnen
leh|ren, er/sie lehrt, lehrte

A B C D E F G H I J K L M N O P Q R S T U V W X Y Z

der Leh|rer, die Lehrer
die Leh|re|rin, die Lehrerinnen
der Leib, die Leiber
die Lei|che, die Leichen
leicht (↔ schwer)
die Leich|tig|keit
der Leicht|sinn
leicht|sin|nig
das Leid, die Leiden
lei|den, er/sie leidet, litt
lei|der
leidtun, es tut leid, tat leid
lei|hen, er/sie leiht, lieh
der Leim, die Leime
lei|men, er/sie leimt, leimte
die Lei|ne, die Leinen
lei|se (↔ laut)
leis|ten, er/sie leistet, leistete
die Leis|tung, die Leistungen
die Lei|ter, die Leitern
der Len|ker, die Lenker
der Le|o|pard, die Leoparden
die Ler|che, die Lerchen (Vogel)
ler|nen, er/sie lernt, lernte
das Le|se|buch, die Lesebücher
le|sen, er/sie liest, las
let|tisch
Lett|land
letz|te, letzter, letztes
leuch|ten, er/sie leuchtet, leuchtete
der Leucht|turm, die Leuchttürme
die Leu|te
das Le|xi|kon, die Lexika (alphabetisch geordnetes Nachschlagewerk, z. B. ein Wörterbuch)
die Li|bel|le, die Libellen
das Licht, die Lichter
das Lid, die Lider (Augenlid)
lieb (↔ böse, verhasst)
die Lie|be
lie|ben, er/sie liebt, liebte
lie|ber
der Lieb|ling, die Lieblinge
das Lied, die Lieder (z. B. Gesang)
sie lief (→ laufen)
er lief weg (→ weglaufen)
lie|fern, er/sie liefert, lieferte
die Lie|fe|rung, die Lieferungen
die Lie|ge, die Liegen
lie|gen, er/sie liegt, lag
sie lieh (→ leihen)
er lieh aus (→ ausleihen)
sie ließ (→ lassen)

er ließ zu (→ zulassen)
sie liest (→ lesen)
er liest vor (→ vorlesen)
der Lift, die Lifte
die Li|ga, die Ligen *(Wettkampfklasse im Sport, z. B. Bundesliga im Fußball)*
der Li|kör, die Liköre
li|la
die Li|lie, die Lilien
die Li|mo|na|de, die Limonaden
die Lin|de, die Linden
das Li|ne|al, die Lineale
die Li|nie, die Linien
links
die Lin|se, die Linsen
die Lip|pe, die Lippen
der Lip|pen|stift, die Lippenstifte
die List, die Listen
die Lis|te, die Listen
lis|tig
Li|tau|en
li|tau|isch
der Li|ter, die Liter
die Li|te|ra|tur
sie litt (→ leiden)

das Lob
lo|ben, er/sie lobt, lobte
das Loch, die Löcher
die Lo|cke, die Locken
lo|cken, er/sie lockt, lockte
lo|cker *(↔ fest)*
lo|ckig *(↔ glatthaarig)*
der Löf|fel, die Löffel
er log (→ lügen)
lo|gisch
der Lohn, die Löhne
das Lo|kal, die Lokale
die Lo|ko|mo|ti|ve, die Lokomotiven
los
das Los, die Lose
lö|schen, er/sie löscht, löschte
lö|sen, er/sie löst, löste
los|las|sen, er/sie lässt los, ließ los
die Lö|sung, die Lösungen
das Lot|to
der Lö|we, die Löwen
der Lö|wen|zahn
die Lü|cke, die Lücken
sie lud (→ laden)
er lud ein (→ einladen)
die Luft, die Lüfte

A B C D E F G H I J K L M N O P Q R S T U V W X Y Z

der Luft|bal|lon, die Luftballons
luf|tig
die Lüf|tung, die Lüftungen
die Lü|ge, die Lügen
lü|gen, er/sie lügt, log
der Lüg|ner, die Lügner
die Lüg|ne|rin, die Lügnerinnen
die Lun|ge, die Lungen
die Lu|pe, die Lupen
die Lust, die Lüste
lus|tig
lut|schen, er/sie lutscht, lutschte
der Lut|scher, die Lutscher
Lu|xem|burg
lu|xem|bur|gisch
der Lu|xus

M

ma|chen, er/sie macht, machte
die Macht, die Mächte
mäch|tig
das Mäd|chen, die Mädchen
die Ma|de, die Maden
er mag (→ mögen)
der Ma|gen, die Mägen
ma|ger *(↔ wohlgenährt, dick)*
der Mag|net (Ma|gnet), die Magneten
mag|ne|tisch (ma|gne|tisch)
der Mäh|dre|scher, die Mähdrescher
mä|hen, er/sie mäht, mähte
mah|len, er/sie mahlt, mahlte
die Mahl|zeit, die Mahlzeiten
die Mäh|ne, die Mähnen
mah|nen, er/sie mahnt, mahnte
die Mah|nung, die Mahnungen
der Mai
die Mail|box, die Mailboxen *(Speicher, auf den Nachrichten aufgesprochen werden können, z.B. bei Handys)*
der Mais
die Ma|jes|tät, die Majestäten
ma|jes|tä|tisch
mal
das Mal, die Male
ma|len, er/sie malt, malte
die Ma|ma, die Mamas

die Ma|mi, die Mamis
das Mam|mut, die Mammuts *(ausgestorbene Elefantenart)*
man
man|che
manch|mal
die Man|da|ri|ne, die Mandarinen
die Man|del, die Mandeln
die Ma|ne|ge, die Manegen *(Vorführfläche im Zirkus)*
der Mann, die Männer
männ|lich
die Mann|schaft, die Mannschaften
der Man|tel, die Mäntel
die Map|pe, die Mappen
das Mär|chen, die Märchen
die Mar|ga|ri|ne
der Ma|ri|en|kä|fer, die Marienkäfer
die Ma|ri|o|net|te, die Marionetten *(bewegliche Puppe, die an Fäden hängt)*
die Mar|ke, die Marken
mar|kie|ren, er/sie markiert, markierte
der Markt, die Märkte
die Mar|me|la|de, die Marmeladen
der Mar|mor
der Mars *(ein Planet)*
der März
das Mar|zi|pan
die Ma|schi|ne, die Maschinen
die Ma|sern *(eine Krankheit)*
die Mas|ke, die Masken
sie maß (→ messen)
das Maß, die Maße
die Mas|sa|ge, die Massagen
mas|sie|ren, er/sie massiert, massierte
mä|ßig
der Maß|stab, die Maßstäbe
der Mast, die Masten
das Ma|te|ri|al, die Materialien
die Ma|the|ma|tik
die Ma|trat|ze, die Matratzen
der Ma|tro|se, die Matrosen
die Ma|tro|sin, die Matrosinnen
die Mat|te, die Matten
die Mau|er, die Mauern
mau|ern, er/sie mauert, mauerte
das Maul, die Mäuler
der Maul|wurf, die Maulwürfe
die Maus, die Mäuse

A B C D E F G H I J K L M N O P Q R S T U V W X Y Z

das Maus|pad, die Mauspads *(Unterlage, auf der die Computermaus bewegt wird)*

der Me|cha|ni|ker, die Mechaniker

die Me|cha|ni|ke|rin, die Mechanikerinnen

me|ckern, er/sie meckert, meckerte

Meck|len|burg-Vor|pom|mern

die Me|dail|le, die Medaillen

die Me|di|en

das Me|di|ka|ment, die Medikamente

die Me|di|zin

das Meer, die Meere

das Meer|schwein|chen, die Meerschweinchen

das Mehl

mehr

meh|re|re

die Mehr|heit, die Mehrheiten

die Mehr|zahl

die Mei|le, die Meilen

mein, meine, meiner

mei|nen, er/sie meint, meinte

die Mei|nung, die Meinungen

die Mei|se, die Meisen

meis|tens

der Meis|ter, die Meister

die Meis|te|rin, die Meisterinnen

meis|tern, er/sie meistert, meisterte

die Meis|ter|schaft, die Meisterschaften

sich mel|den, er/sie meldet sich, meldete sich

die Me|lo|die, die Melodien

die Me|lo|ne, die Melonen

die Men|ge, die Mengen

der Mensch, die Menschen

die Mensch|heit

die Mensch|lich|keit

mer|ken, er/sie merkt, merkte

das Merk|mal, die Merkmale

merk|wür|dig

die Mes|se, die Messen

mes|sen, er/sie misst, maß

das Mes|ser, die Messer

das Me|tall, die Metalle

der Me|ter, die Meter

die Mett|wurst, die Mettwürste

der Metz|ger, die Metzger

die Metz|ge|rin, die Metzgerinnen
mich
die Mie|ne, die Mienen
die Mie|te, die Mieten
mie|ten, er/sie mietet, mietete
das Mi|kro|fon (Mik|ro|fon), die Mikrofone
das Mi|kros|kop (Mik|ros|kop), die Mikroskope *(ein Gerät zur optischen Vergrößerung)*
die Mi|kro|wel|le (Mik|ro|wel|le), die Mikrowellen *(ein Herd, der mit elektromagnetischen Wellen Speisen erwärmt)*
die Milch
mild *(↔ stark, scharf)*
die Mil|li|ar|de, die Milliarden
das Mil|li|gramm *(z. B. 8 Milligramm)*
der Mil|li|li|ter *(z. B. 20 Milliliter)*
der Mil|li|me|ter *(z. B. 10 Millimeter)*
die Mil|li|on, die Millionen
die Min|der|heit, die Minderheiten
min|des|tens
die Mi|ne, die Minen
das Mi|ne|ral|was|ser
der Mi|nis|ter, die Minister
die Mi|nis|te|rin, die Ministerinnen
mi|nus
die Mi|nu|te, die Minuten
mir
mi|schen, er/sie mischt, mischte
er misst (→ messen)
das Miss|ver|ständ|nis, die Missverständnisse
der Mist
mit
mit|ei|nan|der (mit|ein|an|der)
das Mit|glied, die Mitglieder
der Mit|laut, die Mitlaute
das Mit|leid
mit|ma|chen, er/sie macht mit, machte mit
der Mit|schü|ler, die Mitschüler
die Mit|schü|le|rin, die Mitschülerinnen
der Mit|tag, die Mittage
das Mit|tag|es|sen, die Mittagessen

A B C D E F G H I J K L **M** N O P Q R S T U V W X Y Z

mit|tags

die Mit|te

mit|tei|len, er/sie teilt mit, teilte mit

die Mit|tei|lung, die Mitteilungen

das Mit|tel|meer

die Mit|tel|schu|le, die Mittelschulen *(eine Schulform)*

die Mit|ter|nacht, die Mitternächte

der Mitt|woch, die Mittwoche

mi|xen, er/sie mixt, mixte

der Mi|xer, die Mixer

die Mö|bel

sie moch|te (→ mögen)

die Mo|de, die Moden

das Mo|dell, die Modelle

mo|dern *(↔ altmodisch)*

mo|disch

das Mo|fa, die Mofas

mo|geln, er/sie mogelt, mogelte

mö|gen, er/sie mag, mochte

mög|lich

die Mög|lich|keit, die Möglichkeiten

die Mol|ke|rei, die Molkereien

der Mo|ment, die Momente

der Mo|nat, die Monate

mo|nat|lich

der Mönch, die Mönche

der Mond, die Monde

der Mo|ni|tor, die Monitore *(Bildschirm, z. B. beim Computer)*

das Mons|ter, die Monster

der Mon|tag, die Montage

das Moor, die Moore

das Moos, die Moose

das Mo|ped, die Mopeds

der Mord, die Morde

der Mör|der, die Mörder

die Mör|de|rin, die Mörderinnen

mor|gen

der Mor|gen, die Morgen

mor|gens

morsch

die Mo|schee, die Moscheen *(islamisches Gebetshaus)*

der Mo|tor, die Motoren

das Mo|tor|rad, die Motorräder

das Moun|tain|bike, die Mountainbikes *(geländetaugliches Fahrrad)*

die Mö|we, die Möwen

der **MP3-Play|er**, die MP3-Player *(Gerät zur Wiedergabe von Musikdateien)*
die **Mü|cke**, die Mücken
mü|de *(↔ wach, frisch)*
die **Mü|dig|keit**
die **Mü|he**, die Mühen
die **Müh|le**, die Mühlen
müh|sam
der **Müll**
die **Müll|ab|fuhr**, die Müllabfuhren
der **Müll|ei|mer**, die Mülleimer
die **Mul|ti|pli|ka|ti|on**, die Multiplikationen
mul|ti|pli|zie|ren, er/sie multipliziert, multiplizierte
der **Mund**, die Münder
die **Mund|har|mo|ni|ka**, die Mundharmonikas
münd|lich *(↔ schriftlich)*
die **Mün|ze**, die Münzen
die **Mur|mel**, die Murmeln
mur|meln, er/sie murmelt, murmelte
mur|ren, er/sie murrt, murrte
mür|risch
die **Mu|schel**, die Muscheln
das **Mu|se|um**, die Museen
das **Mu|si|cal**, die Musicals *(ein Musiktheaterstück)*
die **Mu|sik**, die Musiken
mu|si|ka|lisch
mu|si|zie|ren, er/sie musiziert, musizierte
der **Mus|kel**, die Muskeln
das **Müs|li**, die Müslis
der **Mus|lim**, die Muslime *(Anhänger des Islam)*
die **Mus|li|ma**, die Muslimas *(Anhängerin des Islam)*
er **muss** (→ müssen)
müs|sen, er/sie muss, musste
sie **muss|te** (→ müssen)
das **Mus|ter**, die Muster
der **Mut**
mu|tig *(↔ feige)*
die **Mut|ter**, die Mutter
die **Mut|ti**, die Muttis
die **Müt|ze**, die Mützen

A B C D E F G H I J K L M **N** O P Q R S T U V W X Y Z

N

der Na|bel, die Nabel
nach
der Nach|bar, die Nachbarn
die Nach|ba|rin, die Nachbarinnen
nach|dem
nach|den|ken, er/sie denkt nach, dachte nach
nach|ge|ben, er/sie gibt nach, gab nach
nach|ge|dacht (→ nachdenken)
der Nach|mit|tag, die Nachmittage
der Nach|na|me, die Nachnamen
die Nach|richt, die Nachrichten
nächs|te, nächster, nächstes
die Nacht, die Nächte
der Nach|teil, die Nachteile
der Nach|tisch, die Nachtische
nachts
der Na|cken, die Nacken
nackt (↔ *bekleidet, angezogen*)
die Na|del, die Nadeln
der Na|gel, die Nägel
na|gen, er/sie nagt, nagte
nah, näher, am nächsten
die Nä|he
nä|hen, er/sie näht, nähte
sie nahm (→ nehmen)
er nahm weg (→ wegnehmen)
die Nah|rung
die Naht, die Nähte
der Na|me, die Namen
der Na|mens|tag, die Namenstage
näm|lich
sie nann|te (→ nennen)
der Napf, die Näpfe
die Nar|be, die Narben
die Nar|ko|se, die Narkosen *(Betäubung in der Medizin)*
na|schen, er/sie nascht, naschte
die Na|se, die Nasen
das Nas|horn, die Nashörner
nass (↔ *trocken*)
die Näs|se
die Na|ti|on, die Nationen
die Na|tur
na|tür|lich (↔ *künstlich*)

der Na|tur|schutz
die Na|tur|wis|sen|schaft, die Naturwissenschaften
der Ne|bel
ne|ben
ne|ben|an
neb|lig (↔ klar)
der Nef|fe, die Neffen
ne|ga|tiv (↔ positiv)
neh|men, er/sie nimmt, nahm
der Neid
nei|disch
nein
die Nel|ke, die Nelken
nen|nen, er/sie nennt, nannte
die Ne|on|röh|re, die Neonröhren
der Nerv, die Nerven
ner|vös (↔ ruhig, entspannt)
das Nest, die Nester
nett
das Netz, die Netze
neu (↔ alt)
die Neu|gier
neu|gie|rig
die Neu|ig|keit, die Neuigkeiten
das Neu|jahr
neu|lich
neun
neun|zehn
neun|zig
nicht
die Nich|te, die Nichten
nichts
ni|cken, er/sie nickt, nickte
nie
die Nie|der|lan|de
nie|der|län|disch
Nie|der|sach|sen
der Nie|der|schlag, die Niederschläge
nied|lich
nied|rig (↔ hoch)
nie|mals
nie|mand, niemanden
die Nie|re, die Nieren
nie|sen, er/sie niest, nieste
die Nie|te, die Nieten
der Ni|ko|laus, die Nikoläuse
das Nil|pferd, die Nilpferde
er nimmt (→ nehmen)
sie nimmt weg (→ wegnehmen)
nir|gend|wo
nis|ten, er/sie nistet, nistete
die Ni|xe, die Nixen

noch

das No|men, die Nomen *(Wortart)*

der No|mi|na|tiv *(1. Fall, Werfall)*

der Nor|den

Nord|rhein-West|fa|len

die Nord|see

nör|geln, er/sie nörgelt, nörgelte

nor|mal

Nor|we|gen

nor|we|gisch

die Not, die Nöte

die No|te, die Noten

no|tie|ren, er/sie notiert, notierte

nö|tig

die No|tiz, die Notizen

der No|vem|ber

die Nu|del, die Nudeln

das Nu|gat *(eine Süßigkeit aus Nüssen)*

null

die Null, die Nullen

die Num|mer, die Nummern

num|me|rie|ren, er/sie nummeriert, nummerierte

nun

nur

die Nuss, die Nüsse

der Nut|zen

nut|zen, er/sie nutzt, nutzte

nüt|zen, er/sie nützt, nützte

nütz|lich

O

die Oa|se, die Oasen

ob

oben

der Ober, die Ober

die Ober|flä|che, die Oberflächen

die Ober|lip|pe, die Oberlippen

der Ober|schen|kel, die Oberschenkel

das Ob|jekt, die Objekte *(Gegenstand; bezeichnet auch eine sprachliche Ergänzung, z. B. das Akkusativobjekt)*

das Obst

ob|wohl

der Och|se, die Ochsen

oder

der Ofen, die Öfen
of|fen (↔ geschlossen, zu)
öff|nen, er/sie öffnet, öffnete
die Öff|nung, die Öffnungen
oft, öfter
oh|ne
die Ohn|macht, die Ohnmachten
das Ohr, die Ohren
die Ohr|fei|ge, die Ohrfeigen
das Ohr|läpp|chen, die Ohrläppchen
okay
der Ok|to|ber
das Öl, die Öle
die Oli|ve, die Oliven
die Olym|pi|a|de, die Olympiaden *(die Olympischen Spiele)*
die Oma, die Omas
die Omi, die Omis
der On|kel, die Onkel
der Opa, die Opas
die Ope|ra|ti|on, die Operationen
ope|rie|ren, er/sie operiert, operierte
das Op|fer, die Opfer
op|fern, er/sie opfert, opferte
der Opi, die Opis
oran|ge
die Oran|ge, die Orangen
der Oran|gen|saft, die Orangensäfte
das Or|ches|ter, die Orchester
der Or|den, die Orden
or|dent|lich
ord|nen, er/sie ordnet, ordnete
die Ord|nung
die Or|ga|ni|sa|ti|on, die Organisationen
or|ga|ni|sie|ren, er/sie organisiert, organisierte
die Or|gel, die Orgeln
der Ori|ent *(die Länder Vorder- und Mittelasiens)*
der Or|kan, die Orkane *(stärkster Sturm)*
der Ort, die Orte
die Ort|schaft, die Ortschaften
der Os|ten
das Os|ter|ei, die Ostereier
der Os|ter|ha|se, die Osterhasen
Os|tern
Ös|ter|reich

ös|ter|rei|chisch
die Ost|see
oval
der Oze|an, die Ozeane

P

paar
das Paar, die Paare
das Päck|chen, die Päckchen
pa|cken, er/sie packt, packte
die Pa|ckung, die Packungen
das Pad|del, die Paddel
pad|deln, er/sie paddelt, paddelte
das Pa|ket, die Pakete
der Pa|last, die Paläste
die Pal|me, die Palmen
die Pa|nik
die Pan|ne, die Pannen
der Pan|tof|fel, die Pantoffeln
der Pan|zer, die Panzer
der Pa|pa, die Papas
der Pa|pa|gei, die Papageien
der Pa|pi, die Papis
das Pa|pier, die Papiere
die Pap|pe, die Pappen
die Pa|pri|ka (Pap|ri|ka), die Paprikas
der Papst, die Päpste
das Pa|ra|dies, die Paradiese
das Par|fum, die Parfums
der Park, die Parks
par|ken, er/sie parkt, parkte
die Par|tei, die Parteien
der Part|ner, die Partner
die Part|ne|rin, die Partnerinnen
die Par|ty, die Partys
der Pass, die Pässe
pas|sen, es passt, passte
pas|sie|ren, es passiert, passierte
pas|siv *(↔ aktiv)*
die Pas|ta *(italienisches Wort für Teigwaren, Nudeln)*
der Pas|tor, die Pastoren
die Pas|to|rin, die Pastorinnen
der Pa|te, die Paten
die Pa|ten|schaft, die Patenschaften
der Pa|ti|ent, die Patienten
die Pa|ti|en|tin, die Patientinnen
die Pa|tin, die Patinnen
die Pa|tro|ne (Pat|ro|ne), die Patronen

die Pau|ke, die Pauken
pau|ken, er/sie paukt, paukte
die Pau|se, die Pausen
der Pa|zi|fik
der PC, die PCs *(Abkürzung für englisch personal computer)*
das Pech
der Pech|vo|gel, die Pechvögel
das Pe|dal, die Pedale
pein|lich
die Peit|sche, die Peitschen
der Pelz, die Pelze
peng
der Pe|nis, die Penisse
die Per|le, die Perlen
die Per|son, die Personen
per|sön|lich
die Pe|rü|cke, die Perücken
die Pe|ter|si|lie
pet|zen, er/sie petzt, petzte
der Pfad, die Pfade
der Pfad|fin|der, die Pfadfinder
die Pfad|fin|de|rin, die Pfadfinderinnen
die Pfan|ne, die Pfannen
der Pfar|rer, die Pfarrer
die Pfar|re|rin, die Pfarrerinnen
der Pfef|fer
die Pfef|fer|min|ze
die Pfei|fe, die Pfeifen
pfei|fen, er/sie pfeift, pfiff
der Pfeil, die Pfeile
das Pferd, die Pferde
sie pfiff (→ pfeifen)
Pfings|ten
der Pfir|sich, die Pfirsiche
die Pflan|ze, die Pflanzen
pflan|zen, er/sie pflanzt, pflanzte
das Pflas|ter, die Pflaster
die Pflau|me, die Pflaumen
pfle|gen, er/sie pflegt, pflegte
die Pflicht, die Pflichten
pflü|cken, er/sie pflückt, pflückte
der Pflug, die Pflüge
pflü|gen, er/sie pflügt, pflügte
die Pfo|te, die Pfoten
das Pfund, die Pfunde
die Pfüt|ze, die Pfützen
die Phy|sik
der Pi|ckel, die Pickel
das Pick|nick, die Picknicks
pie|pen, es piept, piepte

piep|sen, er/sie piepst, piepste
der Pil|ger, die Pilger
die Pil|ge|rin, die Pilgerinnen
pil|gern, er/sie pilgert, pilgerte
die Pil|le, die Pillen
der Pi|lot, die Piloten
die Pi|lo|tin, die Pilotinnen
der Pilz, die Pilze
der Pin|gu|in, die Pinguine
pink
die Pinn|wand, die Pinnwände
der Pin|sel, die Pinsel
pin|seln, er/sie pinselt, pinselte
der Pi|rat, die Piraten
die Pi|ra|tin, die Piratinnen
die Pis|to|le, die Pistolen
die Piz|za, die Pizzas/Pizzen
das Pla|kat, die Plakate
der Plan, die Pläne
pla|nen, er/sie plant, plante
der Pla|net, die Planeten
plan|schen, er/sie planscht, planschte
plap|pern, er/sie plappert, plapperte
das Plas|tik
platt
der Platz, die Plätze
das Plätz|chen, die Plätzchen
plat|zen, er/sie platzt, platzte
plei|te *(↔ zahlungsfähig)*
die Plom|be, die Plomben *(Zahnfüllung)*
plötz|lich
plump
plus
der Po|kal, die Pokale
der Pol, die Pole
Po|len
die Po|li|tik
der Po|li|ti|ker, die Politiker
die Po|li|ti|ke|rin, die Politikerinnen
po|li|tisch
die Po|li|zei
der Po|li|zist, die Polizisten
die Po|li|zis|tin, die Polizistinnen
die Pom|mes fri|tes
das Po|ny, die Ponys
der Pool, die Pools *(englisches Wort für Schwimmbecken)*
der Po|po, die Popos
die Por|ti|on, die Portionen

das Port|mo|nee,
die Portmonees
Por|tu|gal
por|tu|gie|sisch
das Por|zel|lan
po|si|tiv *(↔ negativ)*
die Post
der Post|bo|te, die Postboten
die Post|bo|tin,
die Postbotinnen
die Post|kar|te, die Postkarten
die Post|leit|zahl,
die Postleitzahlen
das Prä|di|kat, die Prädikate
(Satzkern)
prak|tisch
die Pra|li|ne, die Pralinen
der Prä|si|dent, die Präsidenten
die Prä|si|den|tin,
die Präsidentinnen
pre|di|gen, er/sie predigt,
predigte
die Pre|digt, die Predigten
der Preis, die Preise
die Pres|se
die Pres|se, die Pressen
pres|sen, er/sie presst,
presste
der Pries|ter, die Priester
die Pries|te|rin,
die Priesterinnen
pri|ma
der Prinz, die Prinzen
die Prin|zes|sin,
die Prinzessinnen
pri|vat *(↔ öffentlich)*
pro *(für)*
die Pro|be, die Proben
pro|ben, er/sie probt, probte
pro|bie|ren, er/sie probiert,
probierte
das Pro|blem (Prob|lem),
die Probleme
das Pro|dukt, die Produkte
(Erzeugnis, Ergebnis)
der Pro|fes|sor, die Professoren
die Pro|fes|so|rin,
die Professorinnen
das Pro|gramm, die Programme
das Pro|jekt, die Projekte
der Pro|jek|tor, die Projektoren
das Pro|no|men, die Pronomen
(Wortart: Fürwort)
der Pro|pel|ler, die Propeller
der Pro|test, die Proteste
pro|tes|tie|ren,
er/sie protestiert, protestierte
das Pro|zent, die Prozente

A B C D E F G H I J K L M N O P Q R S T U V W X Y Z

prü|fen, er/sie prüft, prüfte
die Prü|fung, die Prüfungen
die Pu|ber|tät
das Pu|bli|kum (Pub|li|kum)
der Pud|ding, die Puddings
der Pu|del, die Pudel
der Pu|der, die Puder
der Pul|li, die Pullis
der Pul|lo|ver (Pull|o|ver), die Pullover
der Puls, die Pulse
das Pul|ver, die Pulver
der Punkt, die Punkte
pünkt|lich *(↔ verspätet)*
die Pu|pil|le, die Pupillen
die Pup|pe, die Puppen
pur|zeln, er/sie purzelt, purzelte
die Pus|te|blu|me, die Pusteblumen
pus|ten, er/sie pustet, pustete
put|zen, er/sie putzt, putzte
put|zig
das Puz|zle (Puzz|le), die Puzzles
der Py|ja|ma, die Pyjamas *(Schlafanzug)*
die Py|ra|mi|de, die Pyramiden *(ägyptischer Grabbau)*

Q

der Qua|der, die Quader *(ein rechteckiger Körper)*
das Qua|drat (Quad|rat), die Quadrate
qua|dra|tisch (quad|ra|tisch)
qua|ken, er/sie quakt, quakte
die Qual, die Qualen
quä|len, er/sie quält, quälte
die Qua|li|tät, die Qualitäten
die Qual|le, die Quallen
der Qualm
qual|men, er/sie qualmt, qualmte
der Quark
das Quar|tett, die Quartette
quas|seln, er/sie quasselt, quasselte
der Quatsch
quat|schen, er/sie quatscht, quatschte
die Quel|le, die Quellen
quen|geln, er/sie quengelt, quengelte
quer

quet|schen, er/sie quetscht, quetschte
quie|ken, er/sie quiekt, quiekte
quiet|schen, er/sie quietscht, quietschte
der Quirl, die Quirle
die Quit|tung, die Quittungen *(Kassenzettel)*
das Quiz *(Frage-und-Antwort-Spiel)*

R

der Ra|be, die Raben
die Ra|che
sich rä|chen, er/sie rächt sich, rächte sich
das Rad, die Räder
Rad fah|ren, er/sie fährt Rad, fuhr Rad
ra|deln, er/sie radelt, radelte
der Rad|fah|rer, die Radfahrer
die Rad|fah|re|rin, die Radfahrerinnen
ra|die|ren, er/sie radiert, radierte
der Ra|dier|gum|mi, die Radiergummis
das Ra|dies|chen, die Radieschen
das Ra|dio, die Radios
der Rah|men, die Rahmen
die Ra|ke|te, die Raketen
der Rand, die Ränder
er rann|te (→ rennen)
der Ran|zen, die Ranzen
der Rap, die Raps *(Sprechgesang)*
der Rap|pe, die Rappen
der Raps
ra|scheln, es raschelt, raschelte
der Ra|sen, die Rasen
ra|sen, er/sie rast, raste
der Ra|sen|mä|her, die Rasenmäher
sich ra|sie|ren, er/sie rasiert sich, rasierte sich
der Ra|sier|pin|sel, die Rasierpinsel
ras|seln, er/sie rasselt, rasselte
die Rast
ras|ten, er/sie rastet, rastete
sie rät (→ raten)
ra|ten, er/sie rät, riet

der Rat|schlag, die Ratschläge
das Rät|sel, die Rätsel
die Rat|te, die Ratten
rat|tern, er/sie rattert, ratterte
rau *(↔ glatt, weich)*
der Raub, die Raube
rau|ben, er/sie raubt, raubte
der Räu|ber, die Räuber
die Räu|be|rin, die Räuberinnen
der Rauch
rau|chen, er/sie raucht, rauchte
rau|fen, er/sie rauft, raufte
die Rau|fe|rei, die Raufereien
der Raum, die Räume
räu|men, er/sie räumt, räumte
das Raum|schiff, die Raumschiffe
die Rau|pe, die Raupen
raus
rau|schen, er/sie rauscht, rauschte
re|agie|ren, er/sie reagiert, reagierte
die Re|ak|ti|on, die Reaktionen
die Re|al|schu|le, die Realschulen *(eine Schulform der weiterführenden Schule)*
die Re|be, die Reben
rech|nen, er/sie rechnet, rechnete
der Rech|ner, die Rechner
die Rech|nung, die Rechnungen
das Recht, die Rechte
das Recht|eck, die Rechtecke
rechts
die Recht|schrei|bung
re|cy|celn, er/sie recycelt, recycelte
das Re|cyc|ling (Re|cy|cling) *(Wiederverwendung von bereits benutzten Rohstoffen, z.B. von Altpapier)*
der Re|dak|teur, die Redakteure
die Re|dak|teu|rin, die Redakteurinnen
die Re|de, die Reden
re|den, er/sie redet, redete
die Re|gel, die Regeln
re|geln, er/sie regelt, regelte
die Re|gel|schu|le
der Re|gen

der **Re|gen|bo|gen,** die Regenbögen
der **Re|gen|schirm,** die Regenschirme
re|gie|ren, er/sie regiert, regierte
die **Re|gie|rung,** die Regierungen
reg|nen, es regnet, regnete
reg|ne|risch *(↔ trocken, niederschlagsfrei)*
das **Reh,** die Rehe
rei|ben, er/sie reibt, rieb
reich *(↔ arm)*
reich|lich
der **Reich|tum,** die Reichtümer
reif
der **Rei|fen,** die Reifen
rei|fen, er/sie reift, reifte
die **Rei|he,** die Reihen
der **Reim,** die Reime
rein
rei|ni|gen, er/sie reinigt, reinigte
die **Rei|ni|gung,** die Reinigungen
der **Reis**
die **Rei|se,** die Reisen
rei|sen, er/sie reist, reiste
rei|ßen, er/sie reißt, riss
der **Reiß|ver|schluss,** die Reißverschlüsse
rei|ten, er/sie reitet, ritt
der **Rei|ter,** die Reiter
die **Rei|te|rin,** die Reiterinnen
die **Re|kla|me,** die Reklamen *(Werbung)*
der **Re|kord,** die Rekorde *(Bestleistung)*
der **Rek|tor,** die Rektoren
die **Rek|to|rin,** die Rektorinnen
die **Re|li|gi|on,** die Religionen
das **Renn|au|to,** die Rennautos
ren|nen, er/sie rennt, rannte
re|no|vie|ren, er/sie renoviert, renovierte
die **Re|no|vie|rung,** die Renovierungen *(Erneuerung oder Instandsetzung, z. B. einer Wohnung)*
die **Ren|te,** die Renten
der **Rent|ner,** die Rentner
die **Rent|ne|rin,** die Rentnerinnen
die **Re|pa|ra|tur,** die Reparaturen
re|pa|rie|ren, er/sie repariert, reparierte

die Re|por|ta|ge, die Reportagen *(Berichterstattung, z. B. für das Fernsehen)*
der Re|por|ter, die Reporter
die Re|por|te|rin, die Reporterinnen
die Re|pu|blik (Re|pub|lik), die Republiken
die Re|ser|ve, die Reserven
re|ser|vie|ren, er/sie reserviert, reservierte
der Res|pekt (Re|spekt)
res|pek|tie|ren (re|spek|tie|ren), er/sie respektiert, respektierte
der Rest, die Reste
das Res|tau|rant (Re|stau|rant), die Restaurants
ret|ten, er/sie rettet, rettete
die Reue *(Bedauern)*
das Re|zept, die Rezepte
der Rha|bar|ber
Rhein|land-Pfalz
rhyth|misch
der Rhyth|mus, die Rhythmen *(Takt)*
der Rich|ter, die Richter
die Rich|te|rin, die Richterinnen
rich|tig *(↔ falsch)*
die Rich|tung, die Richtungen
er rieb (→ reiben)
rie|chen, er/sie riecht, roch
sie rief (→ rufen)
er rief an (→ anrufen)
sie rief zu (→ zurufen)
der Rie|gel, die Riegel
der Rie|se, die Riesen
rie|sig *(↔ winzig, klein)*
er riet (→ raten)
das Rind, die Rinder
der Ring, die Ringe
die Rip|pe, die Rippen
das Ri|si|ko, die Risiken
sie riss (→ reißen)
der Riss, die Risse
er ritt (→ reiten)
der Ritt, die Ritte
der Rit|ter, die Ritter
rit|ter|lich
die Rit|ter|rüs|tung, die Ritterrüstungen
der Rit|ter|saal, die Rittersäle
der Ro|bo|ter, die Roboter
sie roch (→ riechen)

der Rock, die Röcke
ro|deln, er/sie rodelt, rodelte
der Rog|gen
roh
das Rohr, die Rohre
die Rol|le, die Rollen
rol|len, er/sie rollt, rollte
der Rol|ler, die Roller
der Roll|la|den, die Rollläden
der Roll|schuh, die Rollschuhe
der Ro|man, die Romane
rönt|gen, er/sie röntgt, röntgte *(in der Medizin: mit Röntgenstrahlen durchleuchten)*
ro|sa
die Ro|se, die Rosen
die Ro|si|ne, die Rosinen
der Rost, die Roste
der Rost *(an Eisen)*
ros|tig
rot
das Rot|kehl|chen, die Rotkehlchen
die Rü|be, die Rüben
der Rü|cken, die Rücken
rü|cken, er/sie rückt, rückte
der Ruck|sack, die Rucksäcke
die Rück|sicht
rück|wärts
das Ru|del, die Rudel
das Ru|der, die Ruder
ru|dern, er/sie rudert, ruderte
ru|fen, er/sie ruft, rief
die Ru|he
ru|hen, er/sie ruht, ruhte
ru|hig
rüh|ren, er/sie rührt, rührte
die Rüh|rung
die Ru|i|ne, die Ruinen *(zerfallenes Bauwerk)*
Ru|mä|ni|en
ru|mä|nisch
rund *(↔ eckig)*
run|ter
der Ruß
der Rüs|sel, die Rüssel
rus|sisch
Russ|land
die Rüs|tung, die Rüstungen
die Rutsch|bahn, die Rutschbahnen
die Rut|sche, die Rutschen
rut|schen, er/sie rutscht, rutschte
rüt|teln, er/sie rüttelt, rüttelte

A B C D E F G H I J K L M N O P Q R **S** T U V W X Y Z

S

der Saal, die Säle
das Saar|land
die Saat, die Saaten
der Sabbat *(Ruhetag im Judentum)*
die Sa|che, die Sachen
sach|lich
Sach|sen
Sach|sen-An|halt
der Sack, die Säcke
sä|en, er/sie sät, säte
der Saft, die Säfte
saf|tig
die Sa|ge, die Sagen
die Sä|ge, die Sägen
sa|gen, er/sie sagt, sagte
sä|gen, er/sie sägt, sägte
er sah (→ sehen)
sie sah aus (→ aussehen)
er sah fern (→ fernsehen)
sie sah ihn wie|der (→ wiedersehen)
die Sah|ne
der Sa|la|man|der, die Salamander
die Sa|la|mi, die Salamis
der Sa|lat, die Salate
die Sal|be, die Salben
der Sal|to, die Saltos/Salti *(Überschlag in der Luft)*
das Salz, die Salze
der Sa|men, die Samen
sam|meln, er/sie sammelt, sammelte
die Samm|lung, die Sammlungen
der Sams|tag, die Samstage
der Samt
der Sand
die San|da|le, die Sandalen
san|dig
der Sand|kas|ten, die Sandkästen
er sand|te (→ senden)
sie sang (→ singen)
der Sän|ger, die Sänger
die Sän|ge|rin, die Sängerinnen
er sank (→ sinken)
der Sarg, die Särge
sie saß (→ sitzen)
satt *(↔ hungrig)*
der Sat|tel, die Sättel
der Satz, die Sätze

die Satz|er|gän|zung, die Satzergänzungen
der Satz|ge|gen|stand, die Satzgegenstände
der Satz|kern, die Satzkerne
die Sau, die Säue
sau|ber *(↔ dreckig, verschmutzt)*
säu|bern, er/sie säubert, säuberte
sau|er *(↔ süß)*
der Sau|er|stoff
sau|gen, er/sie saugt, saugte
das Säu|ge|tier, die Säugetiere
der Säug|ling, die Säuglinge
die Säu|le, die Säulen
die Säu|re, die Säuren
sau|sen, er/sie saust, sauste
das Sa|xo|fon, die Saxofone *(ein Blasinstrument)*
die S-Bahn, die S-Bahnen
der Scan|ner, die Scanner
die Scha|blo|ne (Schab|lo|ne), die Schablonen
das Schach
die Schach|tel, die Schachteln
scha|de
der Schä|del, die Schädel
der Scha|den, die Schäden
scha|den, er/sie schadet, schadete
schäd|lich
das Schaf, die Schafe
der Schä|fer|hund, die Schäferhunde
schaf|fen, er/sie schafft, schaffte *(etwas vollbringen, arbeiten)*
schaf|fen, er/sie schafft, schuf *(etwas erschaffen, gestalten)*
der Schaff|ner, die Schaffner
die Schaff|ne|rin, die Schaffnerinnen
der Schal, die Schals
die Scha|le, die Schalen
schä|len, er/sie schält, schälte
der Schall
schal|ten, er/sie schaltet, schaltete
der Schal|ter, die Schalter
die Scham
sich schä|men, er/sie schämt sich, schämte sich
die Schan|de
scharf, schärfer, am schärfsten *(↔ mild)*

die Schär|fe, die Schärfen
der Schar|lach *(eine Krankheit)*
der Schat|ten, die Schatten
schat|tig *(↔ sonnig)*
der Schatz, die Schätze
schau|en, er/sie schaut, schaute
die Schau|fel, die Schaufeln
schau|feln, er/sie schaufelt, schaufelte
die Schau|kel, die Schaukeln
schau|keln, er/sie schaukelt, schaukelte
der Schaum, die Schäume
der Schau|spie|ler, die Schauspieler
die Schau|spie|le|rin, die Schauspielerinnen
die Schei|be, die Scheiben
die Schei|de, die Scheiden
die Schei|dung, die Scheidungen
schei|nen, er/sie scheint, schien
der Schen|kel, die Schenkel
schen|ken, er/sie schenkt, schenkte
die Scher|be, die Scherben
die Sche|re, die Scheren
der Scherz, die Scherze
scher|zen, er/sie scherzt, scherzte
scheu
scheu|chen, er/sie scheucht, scheuchte
scheu|ern, er/sie scheuert, scheuerte
die Scheu|ne, die Scheunen
scheuß|lich
die Schi, die Schier
die Schicht, die Schichten
schi|cken, er/sie schickt, schickte
das Schick|sal, die Schicksale
schie|ben, er/sie schiebt, schob
der Schieds|rich|ter, die Schiedsrichter
die Schieds|rich|te|rin, die Schiedsrichterinnen
schief *(↔ gerade, eben)*
sie schien (→ scheinen)
die Schie|ne, die Schienen
schie|ßen, er/sie schießt, schoss
das Schiff, die Schiffe
das Schild, die Schilder
die Schild|krö|te, die Schildkröten
das Schilf

der **Schim|mel,** die Schimmel
schim|meln, es schimmelt, schimmelte
der **Schim|pan|se,** die Schimpansen
schimp|fen, er/sie schimpft, schimpfte
das **Schimpf|wort,** die Schimpfwörter
der **Schin|ken,** die Schinken
der **Schirm,** die Schirme
die **Schlacht,** die Schlachten
schlach|ten, er/sie schlachtet, schlachtete
der **Schlaf**
der **Schlaf|an|zug,** die Schlafanzüge
schla|fen, er/sie schläft, schlief
er **schläft** (→ schlafen)
der **Schlag,** die Schläge
schla|gen, er/sie schlägt, schlug
die **Schlä|ge|rei,** die Schlägereien
sie **schlägt** (→ schlagen)
er **schlägt vor** (→ vorschlagen)
das **Schlag|zeug,** die Schlagzeuge
der **Schlamm**
schlam|mig
die **Schlan|ge,** die Schlangen
schlank *(↔ dick, übergewichtig)*
schlau
der **Schlauch,** die Schläuche
schlecht *(↔ gut)*
schlei|chen, er/sie schleicht, schlich
der **Schlei|er,** die Schleier
die **Schlei|fe,** die Schleifen
der **Schleim**
schlen|dern, er/sie schlendert, schlenderte
die **Schlep|pe,** die Schleppen
schlep|pen, er/sie schleppt, schleppte
Schles|wig-Hol|stein
die **Schleu|se,** die Schleusen
er **schlich** (→ schleichen)
sie **schlief** (→ schlafen)
schlie|ßen, er/sie schließt, schloss
schließ|lich
schlimm
der **Schlips,** die Schlipse
der **Schlit|ten,** die Schlitten
der **Schlitt|schuh,** die Schlittschuhe

A B C D E F G H I J K L M N O P Q R S T U V W X Y Z

A B C D E F G H I J K L M N O P Q R S T U V W X Y Z

er schloss (→ schließen)
sie schloss ab (→ abschließen)
das Schloss, die Schlösser
die Schlucht, die Schluchten
schluch|zen, er/sie schluchzt, schluchzte
schlu|cken, er/sie schluckt, schluckte
er schlug (→ schlagen)
sie schlug vor (→ vorschlagen)
schlüp|fen, er/sie schlüpft, schlüpfte
schlür|fen, er/sie schlürft, schlürfte
der Schluss, die Schlüsse
der Schlüs|sel, die Schlüssel
schmal (↔ *breit*)
das Schmalz
schme|cken, es schmeckt, schmeckte
schmei|cheln, er/sie schmeichelt, schmeichelte
schmei|ßen, er/sie schmeißt, schmiss
schmel|zen, er/sie schmilzt, schmolz
der Schmerz, die Schmerzen
schmer|zen, es schmerzt, schmerzte
der Schmet|ter|ling, die Schmetterlinge
schmie|den, er/sie schmiedet, schmiedete
die Schmie|de, die Schmieden
schmie|ren, er/sie schmiert, schmierte
es schmilzt (→ schmelzen)
die Schmin|ke
schmin|ken, er/sie schminkt, schminkte
sie schmiss (→ schmeißen)
es schmolz (→ schmelzen)
der Schmuck
schmü|cken, er/sie schmückt, schmückte
schmun|zeln, er/sie schmunzelt, schmunzelte
schmu|sen, er/sie schmust, schmuste
der Schmutz
schmut|zig (↔ *sauber*)
der Schna|bel, die Schnäbel
die Schnal|le, die Schnallen
schnap|pen, er/sie schnappt, schnappte

schnar|chen, er/sie schnarcht, schnarchte
die Schnau|ze, die Schnauzen
die Schne|cke, die Schnecken
der Schnee
der Schnee|ball, die Schneebälle
die Schnee|flo|cke, die Schneeflocken
der Schnee|mann, die Schneemänner
schnei|den, er/sie schneidet, schnitt
der Schnei|der, die Schneider
die Schnei|de|rin, die Schneiderinnen
schnei|dern, er/sie schneidert, schneiderte
schnei|en, es schneit, schneite
schnell *(↔ langsam)*
die Schnel|lig|keit
sie schnitt (→ schneiden)
er schnitt ab (→ abschneiden)
sie schnitt aus (→ ausschneiden)
der Schnitt, die Schnitte
der Schnitt|lauch
das Schnit|zel, die Schnitzel
schnit|zen, er/sie schnitzt, schnitzte
der Schnor|chel, die Schnorchel
der Schnul|ler, die Schnuller
der Schnup|fen, die Schnupfen
schnup|pern, er/sie schnuppert, schnupperte
die Schnur, die Schnüre
der Schnurr|bart, die Schnurrbärte
schnur|ren, er/sie schnurrt, schnurrte
der Schnür|sen|kel, die Schnürsenkel
er schob (→ schieben)
die Scho|ko|la|de, die Schokoladen
schon
schön *(↔ hässlich)*
scho|nen, er/sie schont, schonte
die Schön|heit, die Schönheiten
die Schöp|fung, die Schöpfungen
der Schorn|stein, die Schornsteine

A B C D E F G H I J K L M N O P Q R **S** T U V W X Y Z

sie schoss (→ schießen)
der Schoß, die Schöße
schräg
die Schram|me, die Schrammen
der Schrank, die Schränke
die Schrau|be, die Schrauben
schrau|ben, er/sie schraubt, schraubte
der Schrau|ben|zie|her, die Schraubenzieher
der Schreck, die Schrecken
schreck|lich
der Schrei, die Schreie
schrei|ben, er/sie schreibt, schrieb
die Schreib|schrift, die Schreibschriften
der Schreib|tisch, die Schreibtische
schrei|en, er/sie schreit, schrie
der Schrei|ner, die Schreiner
die Schrei|ne|rin, die Schreinerinnen
er schrie (→ schreien)
sie schrieb (→ schreiben)
er schrieb ab (→ abschreiben)
die Schrift, die Schriften
schrift|lich *(↔ mündlich)*
der Schrift|stel|ler, die Schriftsteller
die Schrift|stel|le|rin, die Schriftstellerinnen
der Schrott
schrump|fen, er/sie schrumpft, schrumpfte
die Schub|kar|re, die Schubkarren
die Schub|la|de, die Schubladen
schub|sen, er/sie schubst, schubste
schüch|tern *(↔ forsch)*
die Schüch|tern|heit
sie schuf (→ schaffen)
der Schuh, die Schuhe
der Schul|bus, die Schulbusse
die Schuld
schul|dig
die Schu|le, die Schulen
der Schü|ler, die Schüler
die Schü|le|rin, die Schülerinnen
der Schul|hof, die Schulhöfe
das Schul|jahr, die Schuljahre
der Schul|lei|ter, die Schulleiter

die Schul|lei|te|rin, die Schulleiterinnen
die Schul|ter, die Schultern
schum|meln, er/sie schummelt, schummelte
der Schup|pen, die Schuppen
die Schür|ze, die Schürzen
der Schuss, die Schüsse
die Schüs|sel, die Schüsseln
der Schus|ter, die Schuster
die Schus|te|rin, die Schusterinnen
schüt|teln, er/sie schüttelt, schüttelte
schüt|ten, er/sie schüttet, schüttete
der Schutz
schüt|zen, er/sie schützt, schützte
schwach, schwächer, am schwächsten *(↔ stark)*
die Schwä|che, die Schwächen
der Schwa|ger, die Schwager
die Schwä|ge|rin, die Schwägerinnen
die Schwal|be, die Schwalben
er schwamm (→ schwimmen)
der Schwamm, die Schwämme
der Schwan, die Schwäne
sie schwang (→ schwingen)
schwan|ger
die Schwan|ger|schaft, die Schwangerschaften
der Schwanz, die Schwänze
schwär|men, er/sie schwärmt, schwärmte
schwarz
schwat|zen, er/sie schwatzt, schwatzte
schwe|ben, er/sie schwebt, schwebte
Schwe|den
schwe|disch
schwei|gen, er/sie schweigt, schwieg
das Schwein, die Schweine
der Schweiß
die Schweiz
schwei|ze|risch
schwer *(↔ leicht)*
schwer|hö|rig
das Schwert, die Schwerter
die Schwes|ter, die Schwestern
er schwieg (→ schweigen)
die Schwie|ger|mut|ter, die Schwiegermütter

A B C D E F G H I J K L M N O P Q R S T U V W X Y Z

der Schwie|ger|va|ter, die Schwiegerväter
schwie|rig *(↔ einfach)*
die Schwie|rig|keit, die Schwierigkeiten
das Schwimm|bad, die Schwimmbäder
schwim|men, er/sie schwimmt, schwamm
der Schwimm|flü|gel, die Schwimmflügel
schwin|del|frei
schwin|de|lig
schwin|deln, er/sie schwindelt, schwindelte
schwin|gen, er/sie schwingt, schwang
schwit|zen, er/sie schwitzt, schwitzte
sie schwor (→ schwören)
schwö|ren, er/sie schwört, schwor
der Schwung, die Schwünge
der Schwur, die Schwüre
sechs
sech|zehn
sech|zig
der See, die Seen *(Gewässer)*
die See *(Meer)*

die See|le, die Seelen
se|geln, er/sie segelt, segelte
der Se|gen, die Segen
seg|nen, er/sie segnet, segnete
se|hen, er/sie sieht, sah
die Seh|ne, die Sehnen
sich seh|nen, er/sie sehnt sich, sehnte sich
die Sehn|sucht, die Sehnsüchte
sehr
ihr seid (→ sein)
die Sei|de, die Seiden
die Sei|fe, die Seifen
das Seil, die Seile
sein, er/sie ist, war
sein, seine, seiner
seit
die Sei|te, die Seiten
der Sekt
die Se|kun|de, die Sekunden
sel|ber, selbst
der Selbst|laut, die Selbstlaute
selbst|stän|dig
selbst|ver|stând|lich
se|lig
sel|ten *(↔ häufig, oft)*
die Sem|mel, die Semmeln

sen|den, er/sie sendet, sandte/sendete
die Sen|dung, die Sendungen
der Senf
senk|recht
die Sen|se, die Sensen
der Sep|tem|ber
Ser|bi|en
ser|bisch
die Se|rie, die Serien
die Ser|vi|et|te, die Servietten
ser|vus *(landsch. für hallo, tschüss)*
der Ses|sel, die Sessel
sich set|zen, er/sie setzt sich, setzte sich
seuf|zen, er/sie seufzt, seufzte
der Seuf|zer, die Seufzer
das Sham|poo, die Shampoos *(flüssiges Haarwaschmittel)*
der She|riff, die Sheriffs
das Shirt, die Shirts
die Shorts *(englisches Wort für eine sportliche kurze Hose)*
die Show, die Shows
sich
si|cher
die Si|cher|heit

sie
das Sieb, die Siebe
sie|ben, er/sie siebt, siebte
sie|ben
sieb|zehn
sieb|zig
die Sied|lung, die Siedlungen
der Sieg, die Siege
sie|gen, er/sie siegt, siegte
der Sie|ger, die Sieger
die Sie|ge|rin, die Siegerinnen
er sieht (→ sehen)
sie sieht aus (→ aussehen)
er sieht fern (→ fernsehen)
sie sieht ihn wie|der (→ wiedersehen)
das Si|gnal (Sig|nal), die Signale
die Sil|be, die Silben *(Wortbestandteil)*
das Sil|ber
sil|bern
das Sil|ves|ter, die Silvester
wir sind (→ sein)
sin|gen, er/sie singt, sang
sin|ken, es sinkt, sank
der Sinn, die Sinne
sinn|los *(↔ sinnvoll)*
die Si|re|ne, die Sirenen
die Si|tu|a|ti|on, die Situationen

A B C D E F G H I J K L M N O P Q R S T U V W X Y Z

sit|zen, er/sie sitzt, saß
das Skate|board, die Skateboards
der Ska|ter, die Skater
die Ska|te|rin, die Skaterinnen
das Ske|lett, die Skelette
der Ski, die Skier
die Skiz|ze, die Skizzen *(Zeichnung)*
skiz|zie|ren, er/sie skizziert, skizzierte
der Slip, die Slips *(englisches Wort für Unterhose)*
die Slo|wa|kei
slo|wa|kisch
Slo|we|ni|en
slo|we|nisch
der Smi|ley, die Smileys *(sogenanntes Emoticon in Form eines lachenden Gesichts)*
die SMS, die SMS *(Abkürzung für englisch **S**hort **M**essage **S**ervice)*
das Snow|board, die Snowboards *(ein Sportgerät: Brett zum Gleiten auf Schnee)*
so
so|bald
die So|cke, die Socken
so|dass
das So|fa, die Sofas
so|fort
die Soft|ware *(Computerprogramme)*
so|gar
die Soh|le, die Sohlen
der Sohn, die Söhne
die So|lar|ener|gie *(Sonnenenergie, die z. B. zum Heizen verwendet wird)*
sol|che, solcher, solches
der Sol|dat, die Soldaten
die Sol|da|tin, die Soldatinnen
sol|len, er/sie soll, sollte
der Som|mer, die Sommer
die Som|mer|fe|ri|en
som|mer|lich *(↔ winterlich)*
son|dern
der Song, die Songs
der Sonn|abend, die Sonnabende
die Son|ne, die Sonnen
die Son|nen|blu|me, die Sonnenblumen

der Son|nen|schirm, die Sonnenschirme
son|nig
der Sonn|tag, die Sonntage
sonst
die Sor|ge, die Sorgen
sich sor|gen, er/sie sorgt sich, sorgte sich
die Sorg|falt
die Sor|te, die Sorten
sor|tie|ren, er/sie sortiert, sortierte
die So|ße, die Soßen
so|wie
so|zi|al
die Spa|ghet|ti (Spa|get|ti)
die Span|ge, die Spangen
Spa|ni|en
spa|nisch
sie spann (→ spinnen)
span|nend
das Spar|buch, die Sparbücher
spa|ren, er/sie spart, sparte
spar|sam (↔ *verschwenderisch*)
das Spar|schwein, die Sparschweine
der Spaß, die Späße
spa|ßig
spät (↔ *früh*)
der Spa|ten, die Spaten
spä|ter
der Spatz, die Spatzen
spa|zie|ren, er/sie spaziert, spazierte
der Spa|zier|gang, die Spaziergänge
der Specht, die Spechte
der Spei|cher, die Speicher
die Spei|se, die Speisen
spei|sen, er/sie speist, speiste
die Spen|de, die Spenden
spen|den, er/sie spendet, spendete
der Sper|ling, die Sperlinge
sper|ren, er/sie sperrt, sperrte
der Spe|zi|a|list, die Spezialisten
die Spe|zi|a|lis|tin, die Spezialistinnen
spe|zi|ell
der Spie|gel, die Spiegel
sich spie|geln, er/sie spiegelt sich, spiegelte sich

A B C D E F G H I J K L M N O P Q R S T U V W X Y Z

A B C D E F G H I J K L M N O P Q R S T U V W X Y Z

das **Spiel**, die Spiele
spie|len, er/sie spielt, spielte
der **Spie|ler**, die Spieler
die **Spie|le|rin**, die Spielerinnen
der **Spiel|platz**, die Spielplätze
die **Spiel|re|gel**, die Spielregeln
das **Spiel|zeug**, die Spielzeuge
der **Spi|nat**
die **Spin|ne**, die Spinnen
spin|nen, er/sie spinnt, spann
spitz *(↔ stumpf)*
die **Spit|ze**, die Spitzen
der **Sport**
der **Sport|ler**, die Sportler
die **Sport|le|rin**, die Sportlerinnen
sport|lich
der **Sport|platz**, die Sportplätze
der **Sport|ver|ein**, die Sportvereine
der **Spot**, die Spots *(englisches Wort für einen kurzen Werbetext oder -film)*
er **sprach** (→ sprechen)
die **Spra|che**, die Sprachen
sie **sprang** (→ springen)
das **Spray**, die Sprays
spre|chen, er/sie spricht, sprach
er **spricht** (→ sprechen)
das **Sprich|wort**, die Sprichwörter
sprin|gen, er/sie springt, sprang
der **Sprit**
die **Sprit|ze**, die Spritzen
sprit|zen, er/sie spritzt, spritzte
der **Spruch**, die Sprüche
sprü|hen, er/sie sprüht, sprühte
der **Sprung**, die Sprünge
die **Spu|cke**
spu|cken, er/sie spuckt, spuckte
der **Spuk**
spu|ken, es spukt, spukte
spü|len, er/sie spült, spülte
die **Spur**, die Spuren
spü|ren, er/sie spürt, spürte
der **Staat**, die Staaten
staat|lich
der **Stab**, die Stäbe
sta|bil *(fest)*
sie **stach** (→ stechen)
der **Sta|chel**, die Stachel

das **Sta|di|on**, die Stadien *(Versammlungsort, z. B. für Sportwettkämpfe)*
die **Stadt**, die Städte
städ|tisch *(↔ ländlich, dörflich)*
die **Staf|fel**, die Staffeln
der **Stahl**
er **stahl** (→ stehlen)
der **Stall**, die Ställe
der **Stamm**, die Stämme
sie **stand** (→ stehen)
er **stand auf** (→ aufstehen)
die **Stan|ge**, die Stangen
der **Stän|gel**, die Stängel
es **stank** (→ stinken)
der **Sta|pel**, die Stapel
sta|peln, er/sie stapelt, stapelte
der **Star**, die Stare *(ein Vogel)*
der **Star**, die Stars *(englisches Wort für eine berühmte Person, z. B. einen Schauspieler)*
sie **starb** (→ sterben)
stark, stärker, am stärksten *(↔ schwach, mild)*
stär|ken, er/sie stärkt, stärkte
starr *(↔ biegsam, beweglich)*
der **Start**, die Starts
star|ten, er/sie startet, startete
die **Sta|ti|on**, die Stationen
statt|fin|den, es findet statt, fand statt
statt|ge|fun|den (→ stattfinden)
der **Stau**, die Staus
der **Staub**
stau|big
der **Staub|sau|ger**, die Staubsauger
stau|nen, er/sie staunt, staunte
ste|chen, er/sie sticht, stach
ste|cken, er/sie steckt, steckte
der **Ste|cker**, die Stecker
der **Steg**, die Stege
ste|hen, er/sie steht, stand
steh|len, er/sie stiehlt, stahl
steif *(↔ biegsam, beweglich)*
stei|gen, er/sie steigt, stieg
stei|gern, er/sie steigert, steigerte
steil *(↔ flach)*
der **Stein**, die Steine

stei|nig

die Stel|le, die Stellen

stel|len, er/sie stellt, stellte

die Stel|lung, die Stellungen

die Stel|ze, die Stelzen

der Stem|pel, die Stempel

die Step|pe, die Steppen

ster|ben, er/sie stirbt, starb

die Ste|reo|an|la|ge, die Stereoanlagen *(Musikanlage)*

der Stern, die Sterne

stets

das Steu|er, die Steuer

steu|ern, er/sie steuert, steuerte

der Stich, die Stiche

er sticht (→ stechen)

das Stich|wort, die Stichworte, die Stichwörter

sti|cken, er/sie stickt, stickte

der Sti|cker, die Sticker *(englisches Wort für Aufkleber)*

sti|ckig

der Stie|fel, die Stiefel

sie stieg (→ steigen)

er stiehlt (→ stehlen)

der Stiel, die Stiele

der Stier, die Stiere

sie stieß (→ stoßen)

er stieß zu|sam|men (→ zusammenstoßen)

der Stift, die Stifte

still *(↔ laut, unruhig)*

die Stil|le

die Stim|me, die Stimmen

stim|men, es stimmt, stimmte

stin|ken, er/sie stinkt, stank

sie stirbt (→ sterben)

die Stirn, die Stirnen

stö|bern, er/sie stöbert, stöberte

der Stock, die Stöcke

das Stock|werk, die Stockwerke

der Stoff, die Stoffe

das Stoff|tier, die Stofftiere

stöh|nen, er/sie stöhnt, stöhnte

stol|pern, er/sie stolpert, stolperte

stolz

der Stolz

der Stop|fen, die Stopfen

stop|fen, er/sie stopft, stopfte

der Stopp, die Stopps

stop|pen, er/sie stoppt, stoppte
das Stopp|schild, die Stoppschilder
die Stopp|uhr, die Stoppuhren
der Storch, die Störche
stö|ren, er/sie stört, störte
stör|risch *(↔ nachgiebig)*
die Stö|rung, die Störungen
der Stoß, die Stöße
sto|ßen, er/sie stößt, stieß
er stößt zu|sam|men (→ zusammenstoßen)
stot|tern, er/sie stottert, stotterte
die Stra|fe, die Strafen
stra|fen, er/sie straft, strafte
der Strahl, die Strahlen
strah|len, er/sie strahlt, strahlte
die Sträh|ne, die Strähnen
der Strand, die Strände
die Stra|ße, die Straßen
die Stra|ßen|bahn, die Straßenbahnen
der Strauch, die Sträucher
der Strauß, die Sträuße
die Stre|cke, die Strecken
der Streich, die Streiche
strei|cheln, er/sie streichelt, streichelte
strei|chen, er/sie streicht, strich
das Streich|holz, die Streichhölzer
der Strei|fen, die Streifen
der Streik, die Streiks
der Streit, die Streite
sich strei|ten, er/sie streitet sich, stritt sich
streng *(↔ nachgiebig)*
die Stren|ge
der Stress
streu|en, er/sie streut, streute
streu|nen, er/sie streunt, streunte
der Streu|sel, die Streusel
sie strich (→ streichen)
der Strich, die Striche
der Strick, die Stricke
stri|cken, er/sie strickt, strickte
er stritt (→ streiten)
das Stroh
der Stroh|halm, die Strohhalme
der Strom *(Elektrizität)*
der Strom, die Ströme *(Fluss)*

ströǀmen, er/sie strömt, strömte
die Stroǀphe, die Strophen *(Teil eines Gedichts oder Liedes)*
der Strumpf, die Strümpfe
die Strumpfǀhoǀse, die Strumpfhosen
die Stuǀbe, die Stuben *(Zimmer)*
das Stück, die Stücke
stuǀdieǀren, er/sie studiert, studierte
das Stuǀdiǀum
die Stuǀfe, die Stufen
der Stuhl, die Stühle
stumm
stumpf *(↔ spitz)*
die Stunǀde, die Stunden
der Stunǀdenǀplan, die Stundenpläne
stur
der Sturm, die Stürme
stürǀmen, es stürmt, stürmte
stürǀmisch *(↔ windstill)*
der Sturz, die Stürze
stürǀzen, er/sie stürzt, stürzte
die Stuǀte, die Stuten
stütǀzen, er/sie stützt, stützte
das Subǀjekt, die Subjekte *(Satzgegenstand)*
das Subsǀtanǀtiv (Subǀstanǀtiv), die Substantive *(Wortart: Nomen)*
subǀtraǀhieǀren, er/sie subtrahiert, subtrahierte
die Subǀtrakǀtiǀon, die Subtraktionen
suǀchen, er/sie sucht, suchte
die Suchǀmaǀschiǀne, die Suchmaschinen *(Programm für die Suche nach Informationen im Internet)*
die Sucht, die Süchte
der Süǀden
südǀlich
die Sumǀme, die Summen
sumǀmen, er/sie summt, summte
der Sumpf, die Sümpfe
die Sünǀde, die Sünden
suǀper
der Suǀperǀmarkt, die Supermärkte
die Supǀpe, die Suppen
surǀfen, er/sie surft, surfte

süß *(↔ sauer)*
die Sü|ßig|keit, die Süßigkeiten
das Sweat|shirt, die Sweatshirts
das Sym|bol, die Symbole *(Sinnbild)*
das Sys|tem, die Systeme
die Sze|ne, die Szenen

T

die Ta|bel|le, die Tabellen
das Ta|blett (Tab|lett), die Tabletts
die Ta|blet|te (Tab|let|te), die Tabletten
der Ta|cho, die Tachos *(Geschwindigkeitsmesser)*
ta|deln, er/sie tadelt, tadelte
die Ta|fel, die Tafeln
der Tag, die Tage
das Ta|ge|buch, die Tagebücher
täg|lich
der Takt, die Takte
das Tal, die Täler
der Tank, die Tanks
tan|ken, er/sie tankt, tankte
der Tan|ker, die Tanker
die Tank|stel|le, die Tankstellen
die Tan|ne, die Tannen
die Tan|te, die Tanten
der Tanz, die Tänze
tan|zen, er/sie tanzt, tanzte
der Tän|zer, die Tänzer
die Tän|ze|rin, die Tänzerinnen
die Ta|pe|te, die Tapeten
ta|pe|zie|ren, er/sie tapeziert, tapezierte
tap|fer *(↔ feige, mutlos)*
die Tap|fer|keit
die Ta|sche, die Taschen
das Ta|schen|tuch, die Taschentücher
die Tas|se, die Tassen
die Tas|ta|tur, die Tastaturen
die Tas|te, die Tasten
tas|ten, er/sie tastet, tastete
er tat (→ tun)
die Tat, die Taten
der Tä|ter, die Täter
die Tä|te|rin, die Täterinnen
tä|tig
die Tä|tig|keit, die Tätigkeiten
die Tat|sa|che, die Tatsachen
tat|säch|lich
die Tat|ze, die Tatzen

A B C D E F G H I J K L M N O P Q R S T U V W X Y Z

A B C D E F G H I J K L M N O P Q R S **T** U V W X Y Z

der Tau
das Tau, die Taue *(ein starkes Seil)*
taub *(↔ hörend)*
die Tau|be, die Tauben
tau|chen, er/sie taucht, tauchte
der Tau|cher, die Taucher
die Tau|che|rin, die Taucherinnen
tau|en, es taut, taute
die Tau|fe, die Taufen
der Tausch, die Tausche
tau|schen, er/sie tauscht, tauschte
tau|send
das Ta|xi, die Taxis
das Team, die Teams *(englisches Wort für Arbeitsgruppe oder Mannschaft)*
die Tech|nik, die Techniken
tech|nisch
der Ted|dy, die Teddys
der Tee, die Tees
der Teer
der Teich, die Teiche
der Teig, die Teige
der Teil, die Teile
tei|len, er/sie teilt, teilte
teil|wei|se *(↔ vollständig)*

das Te|le|fon, die Telefone
te|le|fo|nie|ren, er/sie telefoniert, telefonierte
die Te|le|fon|num|mer, die Telefonnummern
das Te|le|gramm, die Telegramme
der Tel|ler, die Teller
der Tem|pel, die Tempel
die Tem|pe|ra|tur, die Temperaturen
das Tem|po *(Geschwindigkeit)*
das Ten|nis
der Tep|pich, die Teppiche
der Ter|min, die Termine
die Ter|ras|se, die Terrassen
der Test, die Tests
tes|ten, er/sie testet, testete
teu|er *(↔ billig, preiswert)*
der Teu|fel, die Teufel
der Text, die Texte
das The|a|ter, die Theater
die The|ke, die Theken
das The|ma, die Themen *(Leitgedanke, z. B. eines Aufsatzes; Gesprächsstoff in einer Unterhaltung)*
die The|o|rie, die Theorien

das Ther|mo|me|ter
die Thermometer
(Temperaturmessgerät)
der Thron, die Throne
Thü|rin|gen
ti|cken, er/sie tickt, tickte
das Ti|cket, die Tickets
tief *(↔ hoch)*
die Tie|fe, die Tiefen
das Tier, die Tiere
der Tier|arzt, die Tierärzte
die Tier|ärz|tin,
die Tierärztinnen
das Tier|heim,
die Tierheime
der Tier|pfle|ger,
die Tierpfleger
die Tier|pfle|ge|rin,
die Tierpflegerinnen
der Tier|schutz
der Ti|ger, die Tiger
die Tin|te, die Tinten
der Tipp, die Tipps
tip|pen, er/sie tippt, tippte
der Tisch, die Tische
der Toast, die Toasts
die Toch|ter, die Töchter
der Tod, die Tode
töd|lich
die To|i|let|te, die Toiletten
toll
die To|ma|te, die Tomaten
der Ton *(erdiges Material, aus dem durch Brennen z. B. Geschirr oder Vasen hergestellt werden können)*
der Ton, die Töne *(Laut)*
die Ton|ne, die Tonnen
der Topf, die Töpfe
das Tor, die Tore
der Tor|nis|ter, die Tornister
(Schulranzen)
die Tor|te, die Torten
der Tor|wart, die Torwarte
tot *(↔ lebendig)*
to|tal
der To|te, die Toten
die To|te, die Toten
tö|ten, er/sie tötet, tötete
sich tot|la|chen, er/sie lacht sich tot, lachte sich tot
die Tour, die Touren
der Tou|rist, die Touristen
die Tou|ris|tin, die Touristinnen
der Trab
tra|ben, er/sie trabt, trabte
die Tra|di|ti|on, die Traditionen
(Brauch, Gewohnheit)

A B C D E F G H I J K L M N O P Q R S **T** U V W X Y Z

tra|di|ti|o|nell *(↔ neu, modern)*
sie traf (→ treffen)
tra|gen, er/sie trägt, trug
er trägt (→ tragen)
der Trai|ner, die Trainer
die Trai|ne|rin, die Trainerinnen
trai|nie|ren, er/sie trainiert, trainierte
das Trai|ning, die Trainings
der Trak|tor, die Traktoren
tram|peln, er/sie trampelt, trampelte
das Tram|po|lin, die Trampoline
die Trä|ne, die Tränen
sie trank (→ trinken)
der Trans|port, die Transporte
trans|por|tie|ren, er/sie transportiert, transportierte
er trat (→ treten)
die Trau|be, die Trauben
die Trau|er
trau|ern, er/sie trauert, trauerte
der Traum, die Träume
träu|men, er/sie träumt, träumte
trau|rig *(↔ fröhlich)*

die Trau|ung, die Trauungen
tref|fen, er/sie trifft, traf
trei|ben, er/sie treibt, trieb
tren|nen, er/sie trennt, trennte
die Tren|nung, die Trennungen
die Trep|pe, die Treppen
tre|ten, er/sie tritt, trat
treu
die Treue
die Tri|bü|ne, die Tribünen
der Trich|ter, die Trichter
der Trick, die Tricks
sie trieb (→ treiben)
er trifft (→ treffen)
das Tri|kot, die Trikots *(ein Kleidungsstück, z. B. beim Sport)*
trin|ken, er/sie trinkt, trank
sie tritt (→ treten)
der Tritt, die Tritte
tro|cken *(↔ nass, feucht)*
die Tro|cken|heit
trock|nen, er/sie trocknet, trocknete
trö|deln, er/sie trödelt, trödelte
die Trom|mel, die Trommeln

trom|meln, er/sie trommelt, trommelte
die Trom|pe|te, die Trompeten
der Trop|fen, die Tropfen
trop|fen, es tropft, tropfte
der Trost
trös|ten, er/sie tröstet, tröstete
der Trotz
trotz|dem
trot|zig
trüb *(↔ klar)*
er trug (→ tragen)
die Tru|he, die Truhen
tsche|chisch
die Tsche|chi|sche Re|pu|blik
tschüss *(Ausruf beim Abschied)*
das T-Shirt, die T-Shirts
die Tu|be, die Tuben
das Tuch, die Tücher
tüch|tig
die Tul|pe, die Tulpen
tun, er/sie tut, tat
der Tun|nel, die Tunnels
die Tür, die Türen
die Tür|kei
tür|kisch
der Turm, die Türme
tur|nen, er/sie turnt, turnte
die Turn|hal|le, die Turnhallen
das Tur|nier, die Turniere
der Turn|schuh, die Turnschuhe
die Tu|sche
tu|scheln, er/sie tuschelt, tuschelte
die Tü|te, die Tüten
das TV *(Abkürzung für „Television“ = Fernsehen)*
der Typ, die Typen
ty|pisch

U

die U-Bahn, die U-Bahnen
übel
üben, er/sie übt, übte
über
über|all
über|ar|bei|ten, er/sie überarbeitet, überarbeitete
die Über|ar|bei|tung, die Überarbeitungen

über|ei|nan|der (über|ein|an|der)
der Über|fall, die Überfälle
über|fal|len, er/sie überfällt, überfiel
sie über|fällt (→ überfallen)
er über|fiel (→ überfallen)
über|haupt
über|le|gen, er/sie überlegt, überlegte
die Über|le|gung, die Überlegungen
über|mit|teln, er/sie übermittelt, übermittelte
über|mor|gen
über|nach|ten, er/sie übernachtet, übernachtete
die Über|nach|tung, die Übernachtungen
sie über|nahm (→ übernehmen)
über|neh|men, er/sie übernimmt, übernahm
er über|nimmt (→ übernehmen)
über|nom|men (→ übernehmen)
über|prü|fen, er/sie überprüft, überprüfte
über|que|ren, er/sie überquert, überquerte
über|ra|schen, er/sie überrascht, überraschte
die Über|ra|schung, die Überraschungen
über|re|den, er/sie überredet, überredete
die Über|schrift, die Überschriften
die Über|schwem|mung, die Überschwemmungen
über|set|zen, er/sie übersetzt, übersetzte
die Über|set|zung, die Übersetzungen
über|zeu|gen, er/sie überzeugt, überzeugte
die Über|zeu|gung, die Überzeugungen
üb|lich
das U-Boot, die U-Boote
üb|rig
üb|ri|gens
die Übung, die Übungen

das **Ufer**, die Ufer
das **UFO**, die UFOs
*(Abkürzung für **U**nbekanntes **F**lug-**O**bjekt)*
die **Uhr**, die Uhren
die **Uhr|zeit**, die Uhrzeiten
der **Uhu**, die Uhus
um
um|ar|men, er/sie umarmt, umarmte
die **Um|ar|mung**, die Umarmungen
die **Um|ge|bung**
um|ge|zo|gen (→ umziehen)
der **Um|hang**, die Umhänge
um|her
um|keh|ren, er/sie kehrt um, kehrte um
der **Um|laut**, die Umlaute
die **Um|lei|tung**, die Umleitungen
der **Um|schlag**, die Umschläge
der **Um|weg**, die Umwege
die **Um|welt**
der **Um|welt|schutz**
um|zie|hen, er/sie zieht um, zog um
der **Um|zug**, die Umzüge
un|be|dingt
und
un|end|lich
die **Un|end|lich|keit**
un|ent|schie|den
un|fair *(unerlaubt, gegen die Regeln)*
der **Un|fall**, die Unfälle
un|ga|risch
Un|garn
un|ge|dul|dig
un|ge|fähr
un|ge|fähr|lich
das **Un|ge|heu|er**, die Ungeheuer
un|ge|recht
die **Un|ge|rech|tig|keit**, die Ungerechtigkeiten
das **Un|ge|zie|fer**
das **Un|glück**, die Unglücke
un|glück|lich
un|heim|lich
die **Uni|form**, die Uniformen
das **Un|kraut**, die Unkräuter
das **Un|recht**
uns
die **Un|schuld**
un|schul|dig
un|ser, unsere, unseres

A B C D E F G H I J K L M N O P Q R S T U V W X Y Z

der Un|sinn
un|ten
un|ter
sie un|ter|brach
(→ unterbrechen)
un|ter|bre|chen,
er/sie unterbricht,
unterbrach
die Un|ter|bre|chung,
die Unterbrechungen
er un|ter|bricht
(→ unterbrechen)
un|ter|bro|chen
(→ unterbrechen)
un|ter|ei|nan|der
(un|ter|ein|an|der)
der Un|ter|gang,
die Untergänge
sie un|ter|hält sich
(→ sich unterhalten)
sich un|ter|hal|ten,
er/sie unterhält sich,
unterhielt sich
die Un|ter|hal|tung,
die Unterhaltungen
er un|ter|hielt sich
(→ sich unterhalten)
sie un|ter|nahm
(→ unternehmen)
un|ter|neh|men,
er/sie unternimmt, unternahm
er un|ter|nimmt
(→ unternehmen)
un|ter|nom|men
(→ unternehmen)
der Un|ter|richt
un|ter|rich|ten,
er/sie unterrichtet,
unterrichtete
sich un|ter|schei|den,
er/sie unterscheidet sich,
unterschied sich
sie un|ter|schied sich
(→ sich unterscheiden)
der Un|ter|schied,
die Unterschiede
un|ter|schie|den
(→ sich unterscheiden)
die Un|ter|schrift,
die Unterschriften
un|ter|stüt|zen,
er/sie unterstützt,
unterstützte
un|ter|su|chen,
er/sie untersucht,
untersuchte
die Un|ter|su|chung,
die Untersuchungen

un|ter|wegs
un|ver|schämt
(↔ *höflich, maßvoll)*
die Un|ver|schämt|heit, die Unverschämtheiten
un|vor|sich|tig
das Un|wet|ter, die Unwetter
die Ur|groß|mut|ter, die Urgroßmütter
der Ur|groß|va|ter, die Urgroßväter
der Urin
der Ur|laub, die Urlaube
die Ur|sa|che, die Ursachen
das Ur|teil, die Urteile
ur|tei|len, er/sie urteilt, urteilte
der Ur|wald, die Urwälder
die USA *(Abkürzung für United States of America)*

V

der Va|len|tins|tag, die Valentinstage
der Vam|pir, die Vampire
die Va|nil|le
das Va|nil|le|eis
die Va|se, die Vasen
der Va|ter, die Väter
das Va|ter|un|ser, die Vaterunser *(ein Gebet der Christen)*
der Va|ti, die Vatis
der Ve|ge|ta|ri|er, die Vegetarier *(jemand, der kein Fleisch isst)*
die Ve|ge|ta|ri|e|rin, die Vegetarierinnen
das Veil|chen, die Veilchen
der Ven|ti|la|tor, die Ventilatoren
sich ver|ab|re|den, er/sie verabredet sich, verabredete sich
die Ver|ab|re|dung, die Verabredungen
sich ver|ab|schie|den, er/sie verabschiedet sich, verabschiedete sich

A B C D E F G H I J K L M N O P Q R S T U V W X Y Z

ver|ach|ten, er/sie verachtet, verachtete
die Ver|ach|tung
die Ve|ran|da, die Veranden
ver|an|stal|ten, er/sie veranstaltet, veranstaltete
die Ver|an|stal|tung, die Veranstaltungen
ver|ant|wor|ten, er/sie verantwortet, verantwortete
ver|ant|wort|lich
die Ver|ant|wor|tung
ver|ant|wor|tungs|be|wusst
das Verb, die Verben *(Wortart)*
er ver|band (→ verbinden)
der Ver|band, die Verbände
ver|bes|sern, er/sie verbessert, verbesserte
sich ver|beu|gen, er/sie verbeugt sich, verbeugte sich
die Ver|beu|gung, die Verbeugungen
ver|bie|ten, er/sie verbietet, verbot
ver|bin|den, er/sie verbindet, verband

ver|blüfft
er ver|bot (→ verbieten)
das Ver|bot, die Verbote
ver|bo|ten (→ verbieten)
ver|brannt (→ verbrennen)
es ver|brann|te (→ verbrennen)
ver|brau|chen, er/sie verbraucht, verbrauchte
das Ver|bre|chen, die Verbrechen
der Ver|bre|cher, die Verbrecher
die Ver|bre|che|rin, die Verbrecherinnen
ver|bren|nen, er/sie verbrennt, verbrannte
die Ver|bren|nung, die Verbrennungen
ver|bun|den (→ verbinden)
der Ver|dacht, die Verdachte
ver|däch|ti|gen, er/sie verdächtigt, verdächtigte
ver|dau|en, er/sie verdaut, verdaute
die Ver|dau|ung
ver|die|nen, er/sie verdient, verdiente

der Ver|dienst, die Verdienste
ver|duns|ten, es verdunstet, verdunstete
ver|eh|ren, er/sie verehrt, verehrte
der Ver|ein, die Vereine
ver|ei|nen, er/sie vereint, vereinte
ver|fol|gen, er/sie verfolgt, verfolgte
die Ver|fol|gung, die Verfolgungen
sie ver|gab (→ vergeben)
die Ver|gan|gen|heit
er ver|gaß (→ vergessen)
ver|ge|ben, er/sie vergibt, vergab
ver|geb|lich
die Ver|ge|bung, die Vergebungen
ver|ges|sen, er/sie vergisst, vergaß
sie ver|gibt (→ vergeben)
er ver|gisst (→ vergessen)
der Ver|gleich, die Vergleiche
ver|glei|chen, er/sie vergleicht, verglich
sie ver|glich (→ vergleichen)
ver|gli|chen (→ vergleichen)

das Ver|gnü|gen, die Vergnügen
sich ver|ir|ren, er/sie verirrt sich, verirrte sich
ver|kau|fen, er/sie verkauft, verkaufte
der Ver|käu|fer, die Verkäufer
die Ver|käu|fe|rin, die Verkäuferinnen
der Ver|kehr
die Ver|kehrs|re|gel, die Verkehrsregeln
ver|kehrt
sich ver|klei|den, er/sie verkleidet sich, verkleidete sich
ver|lan|gen, er/sie verlangt, verlangte
ver|län|gern, er/sie verlängert, verlängerte
die Ver|län|ge|rung, die Verlängerungen
ver|las|sen, er/sie verlässt, verließ
er ver|lässt (→ verlassen)
ver|let|zen, er/sie verletzt, verletzte
die Ver|let|zung, die Verletzungen

A B C D E F G H I J K L M N O P Q R S T U V W X Y Z

sich **ver|lie|ben,** er/sie verliebt sich, verliebte sich

ver|lie|ren, er/sie verliert, verlor

sie **ver|ließ** (→ verlassen)

er **ver|lor** (→ verlieren)

ver|lo|ren (→ verlieren)

die **Ver|lo|sung,** die Verlosungen

der **Ver|lust,** die Verluste

ver|mei|den, er/sie vermeidet, vermied

sie **ver|mied** (→ vermeiden)

ver|mie|den (→ vermeiden)

ver|mu|ten, er/sie vermutet, vermutete

die **Ver|mu|tung,** die Vermutungen

ver|nich|ten, er/sie vernichtet, vernichtete

die **Ver|nich|tung**

die **Ver|nunft**

ver|nünf|tig

ver|pa|cken, er/sie verpackt, verpackte

die **Ver|pa|ckung,** die Verpackungen

ver|pas|sen, er/sie verpasst, verpasste

ver|pfle|gen, er/sie verpflegt, verpflegte

die **Ver|pfle|gung**

der **Ver|rat**

er **ver|rät** (→ verraten)

ver|ra|ten, er/sie verrät, verriet

der **Ver|rä|ter,** die Verräter

die **Ver|rä|te|rin,** die Verräterinnen

ver|rei|sen, er/sie verreist, verreiste

sie **ver|riet** (→ verraten)

ver|rückt *(↔ normal)*

der **Vers,** die Verse *(Zeile oder Strophe eines Gedichts)*

ver|säu|men, er/sie versäumt, versäumte

das **Ver|säum|nis,** die Versäumnisse

ver|schie|den *(↔ gleich)*

ver|schla|fen, er/sie verschläft, verschlief

er ver|schläft (→ verschlafen)
sie ver|schlang (→ verschlingen)
er ver|schlief (→ verschlafen)
ver|schlie|ßen, er/sie verschließt, verschloss
ver|schlin|gen, er/sie verschlingt, verschlang
sie ver|schloss (→ verschließen)
ver|schlos|sen (→ verschließen)
ver|schlun|gen (→ verschlingen)
der Ver|schluss, die Verschlüsse
ver|schlüs|seln, er/sie verschlüsselt, verschlüsselte
ver|schmut|zen, er/sie verschmutzt, verschmutzte
die Ver|schmut|zung, die Verschmutzungen
er ver|schwand (→ verschwinden)
ver|schwen|den, er/sie verschwendet, verschwendete
ver|schwin|den, er/sie verschwindet, verschwand
ver|schwun|den (→ verschwinden)
ver|se|hent|lich
die Ver|si|che|rung, die Versicherungen
sich ver|söh|nen, er/sie versöhnt sich, versöhnte sich
die Ver|söh|nung, die Versöhnungen
sich ver|spä|ten, er/sie verspätet sich, verspätete sich
die Ver|spä|tung, die Verspätungen
sie ver|sprach (→ versprechen)
das Ver|spre|chen, die Versprechen
ver|spre|chen, er/sie verspricht, versprach
er ver|spricht (→ versprechen)
ver|spro|chen (→ versprechen)
der Ver|stand
sie ver|stand (→ verstehen)
ver|stan|den (→ verstehen)

A B C D E F G H I J K L M N O P Q R S T U V W X Y Z

ver|stän|di|gen, er/sie verständigt, verständigte
die Ver|stän|di|gung
ver|ständ|lich
ver|stau|chen, er/sie verstaucht, verstauchte
die Ver|stau|chung, die Verstauchungen
ver|ste|cken, er/sie versteckt, versteckte
ver|ste|hen, er/sie versteht, verstand
der Ver|such, die Versuche
ver|su|chen, er/sie versucht, versuchte
ver|tei|len, er/sie verteilt, verteilte
der Ver|trag, die Verträge
sich ver|tra|gen, er/sie verträgt sich, vertrug sich
er ver|trägt sich (→ sich vertragen)
das Ver|trau|en
ver|trau|en, er/sie vertraut, vertraute
sie ver|trug sich (→ sich vertragen)
ver|ur|tei|len, er/sie verurteilt, verurteilte
die Ver|ur|tei|lung, die Verurteilungen
ver|wandt
der Ver|wand|te, die Verwandten
die Ver|wand|te, die Verwandten
die Ver|wandt|schaft
ver|wech|seln, er/sie verwechselt, verwechselte
die Ver|wechs|lung, die Verwechslungen
ver|wen|den, er/sie verwendet, verwendete
die Ver|wen|dung, die Verwendungen
ver|wöh|nen, er/sie verwöhnt, verwöhnte
ver|wun|den, er/sie verwundet, verwundete
ver|wun|dert
die Ver|wun|dung, die Verwundungen
ver|zau|bern, er/sie verzaubert, verzauberte
ver|zei|hen, er/sie verzeiht, verzieh

der Ver|zicht, die Verzichte
ver|zich|ten, er/sie verzichtet, verzichtete
sie ver|zieh (→ verzeihen)
ver|zie|hen (→ verzeihen)
ver|zie|ren, er/sie verziert, verzierte
ver|zwei|feln, er/sie verzweifelt, verzweifelte
die Ver|zweif|lung
der Vet|ter, die Vetter
das Vi|deo, die Videos
der Vi|deo|clip, die Videoclips *(englisches Wort für einen kurzen Videofilm)*
die Vi|deo|thek, die Videotheken *(Sammlung von Videofilmen zum Ausleihen)*
das Vieh
viel, viele
viel|leicht
vier
das Vier|eck, die Vierecke
die Vier|tel|stun|de, die Viertelstunden
vier|zehn
vier|zig
die Vil|la, die Villen
vi|o|lett
die Vi|o|li|ne, die Violinen *(Geige)*
das Vi|rus / der Virus, die Viren
das Vi|ta|min, die Vitamine
der Vo|gel, die Vögel
die Vo|ka|bel, die Vokabeln
der Vo|kal, die Vokale
das Volk, die Völker
voll *(↔ leer)*
der Vol|ley|ball, die Volleybälle
voll|kom|men
voll|stän|dig *(↔ teilweise)*
vom
von
von|ei|nan|der (von|ein|an|der)
vor
vo|ran (vor|an)
vo|raus (vor|aus)
vor|bei
das Vor|bild, die Vorbilder
die Vor|fahrt
vor|füh|ren, er/sie führt vor, führte vor
die Vor|füh|rung, die Vorführungen
vor|ge|gan|gen (→ vorgehen)

A B C D E F G H I J K L M N O P Q R S T U V W X Y Z

vor|ge|hen, er/sie geht vor, ging vor
vor|ges|tern
der Vor|hang, die Vorhänge
vor|her
vor|le|sen, er/sie liest vor, las vor
der Vor|mit|tag, die Vormittage
vor|mit|tags
der Vor|na|me, die Vornamen
vor|nehm
der Vor|rat, die Vorräte
vor|rä|tig
vor|sa|gen, er/sie sagt vor, sagte vor
der Vor|schlag, die Vorschläge
vor|schla|gen, er/sie schlägt vor, schlug vor
die Vor|sicht
vor|sich|tig *(↔ leichtfertig)*
sich vor|stel|len, er/sie stellt sich vor, stellte sich vor
die Vor|stel|lung, die Vorstellungen
der Vor|teil, die Vorteile
vo|rü|ber (vor|ü|ber)
die Vor|wahl, die Vorwahlen
vor|wärts
der Vul|kan, die Vulkane

W

die Waa|ge, die Waagen
waa|ge|recht
die Wa|be, die Waben
wach
das Wachs
wach|sam
wach|sen, er/sie wächst, wuchs
sie wächst (→ wachsen)
wa|ckeln, er/sie wackelt, wackelte
die Wa|de, die Waden
die Waf|fe, die Waffen
die Waf|fel, die Waffeln
der Wa|gen, die Wagen
die Wahl, die Wahlen
wäh|len, er/sie wählt, wählte
wahr
wäh|rend
die Wahr|heit, die Wahrheiten

wahr|schein|lich
die Wai|se, die Waisen
(Kind ohne Eltern)
der Wal, die Wale
der Wald, die Wälder
die Wal|nuss, die Walnüsse
die Wal|ze, die Walzen
die Wand, die Wände
wan|dern, er/sie wandert, wanderte
die Wan|de|rung, die Wanderungen
die Wand|ta|fel, die Wandtafeln
wann
die Wan|ne, die Wannen
das Wap|pen, die Wappen
sie war (→ sein)
er warb (→ werben)
die Wa|re, die Waren
sie wa|ren (→ sein)
sie warf (→ werfen)
warm, wärmer, am wärmsten *(↔ kalt)*
die Wär|me
wär|men, er/sie wärmt, wärmte
die Wärm|fla|sche, die Wärmflaschen
war|nen, er/sie warnt, warnte
die War|nung, die Warnungen
war|ten, er/sie wartet, wartete
wa|rum (war|um)
die War|ze, die Warzen
was
der Wasch|bär, die Waschbären
wa|schen, er/sie wäscht, wusch
der Wasch|lap|pen, die Waschlappen
sie wäscht (→ waschen)
das Was|ser
der Was|ser|hahn, die Wasserhähne
was|ser|scheu
das Watt, die Watten
(seichter Küstenabschnitt an der Nordsee)
die Wat|te
we|ben, er/sie webt, webte
der Wech|sel, die Wechsel
wech|seln, er/sie wechselt, wechselte
we|cken, er/sie weckt, weckte

A B C D E F G H I J K L M N O P Q R S T U V W X Y Z

der **We|cker**, die Wecker
we|deln, er/sie wedelt, wedelte
weg
der **Weg**, die Wege
weg|fah|ren, er/sie fährt weg, fuhr weg
weg|ge|gan|gen (→ weggehen)
weg|ge|hen, er/sie geht weg, ging weg
weg|ge|nom|men (→ wegnehmen)
weg|lau|fen, er/sie läuft weg, lief weg
weg|neh|men, er/sie nimmt weg, nahm weg
weh
we|hen, er/sie weht, wehte
sich **weh|ren**, er/sie wehrt sich, wehrte sich
weib|lich
weich *(↔ hart)*
die **Wei|de**, die Weiden
sich **wei|gern**, er/sie weigert sich, weigerte sich
die **Wei|ge|rung**, die Weigerungen
Weih|nach|ten
der **Weih|nachts|baum**, die Weihnachtsbäume
die **Weih|nachts|zeit**
weil
der **Wein**, die Weine
wei|nen, er/sie weint, weinte
wei|se *(↔ ungebildet)*
die **Weis|heit**
weiß
er **weiß** (→ wissen)
weit *(↔ eng)*
die **Wei|te**, die Weiten
wei|ter
der **Weit|sprung**, die Weitsprünge
der **Wei|zen**
wel|che, welcher, welches
die **Wel|le**, die Wellen
der **Wel|len|sit|tich**, die Wellensittiche
der **Wel|pe**, die Welpen *(Tierkind, z. B. von Hund, Fuchs, Wolf)*
die **Welt**, die Welten
das **Welt|all**
wem
wen

wen|den, er/sie wendet, wendete
die Wen|dung, die Wendungen
we|nig
wenn
wer
wer|ben, er/sie wirbt, warb
die Wer|bung, die Werbungen
wer|den, er/sie wird, wurde
wer|fen, er/sie wirft, warf
das Werk, die Werke
die Werk|statt, die Werkstätten
das Werk|zeug, die Werkzeuge
der Wert, die Werte
wert|voll
wes|halb
die Wes|pe, die Wespen
die Wes|te, die Westen
der Wes|ten
der Wett|be|werb, die Wettbewerbe
die Wet|te, die Wetten
wet|ten, er/sie wettet, wettete
das Wet|ter
der Wet|ter|be|richt, die Wetterberichte
der Wett|kampf, die Wettkämpfe
das Wett|ren|nen, die Wettrennen
wich|tig
wi|ckeln, er/sie wickelt, wickelte
sie wi|der|sprach (→ widersprechen)
wi|der|spre|chen, er/sie widerspricht, widersprach
er wi|der|spricht (→ widersprechen)
wi|der|spro|chen (→ widersprechen)
wie
wie viel
wie|der
wie|der|ho|len, er/sie wiederholt, wiederholte
die Wie|der|ho|lung, die Wiederholungen
wie|der|se|hen, er/sie sieht wieder, sah wieder
das Wie|der|se|hen, die Wiedersehen
die Wie|ge, die Wiegen
wie|gen, er/sie wiegt, wog

A B C D E F G H I J K L M N O P Q R S T U V W X Y Z

wie|hern, es wiehert, wieherte

die Wie|se, die Wiesen

das Wie|sel, die Wiesel

wie|so

das Wild

wild *(↔ zahm)*

wil|dern, er/sie wildert, wilderte

die Wild|nis

das Wild|schwein, die Wildschweine

sie will (→ wollen)

will|kom|men

der Wim|pel, die Wimpel *(kleine Fahne)*

die Wim|per, die Wimpern

der Wind, die Winde

die Win|del, die Windeln

win|dig

die Wind|po|cken *(eine Krankheit)*

die Wind|schutz|schei|be, die Windschutzscheiben *(Frontscheibe beim Auto)*

der Win|kel, die Winkel

win|ken, er/sie winkt, winkte

win|seln, er/sie winselt, winselte

der Win|ter, die Winter

win|ter|lich

der Win|ter|schlaf

win|zig *(↔ riesig, groß)*

die Wip|pe, die Wippen

wip|pen, er/sie wippt, wippte

wir

der Wir|bel, die Wirbel

wir|beln, er/sie wirbelt, wirbelte

die Wir|bel|säu|le, die Wirbelsäulen

er wirbt (→ werben)

sie wird (→ werden)

er wirft (→ werfen)

wir|ken, es wirkt, wirkte

wirk|lich

die Wirk|lich|keit

der Wir|sing *(ein Gemüse)*

der Wirt, die Wirte

die Wir|tin, die Wirtinnen

wi|schen, er/sie wischt, wischte

wis|pern, er/sie wispert, wisperte

wis|sen, er/sie weiß, wusste

der Wis|sen|schaft|ler, die Wissenschaftler

die Wis|sen|schaft|le|rin,
die Wissenschaftlerinnen
die Wit|we, die Witwen
(Frau, deren Ehemann gestorben ist)
der Wit|wer, die Witwer
der Witz, die Witze
wit|zig
wo
die Wo|che,
die Wochen
das Wo|chen|en|de,
die Wochenenden
der Wo|chen|tag,
die Wochentage
wö|chent|lich
wo|für
er wog (→ wiegen)
wo|her
wo|hin
wohl
woh|nen, er/sie wohnt,
wohnte
die Woh|nung,
die Wohnungen
der Wolf, die Wölfe
die Wol|ke, die Wolken
wol|kig
(↔ klar, wolkenlos)

die Wol|le
wol|len, er/sie will, wollte
das Woll|knäu|el,
die Wollknäuel
das Wort, die Wörter
wört|lich
wo|rü|ber
(wor|ü|ber)
wo|von
wo|vor
wo|zu
sie wuchs (→ wachsen)
die Wucht
wund
die Wun|de, die Wunden
das Wun|der, die Wunder
wun|der|bar
die Wun|der|ker|ze,
die Wunderkerzen
sich wun|dern,
er/sie wundert sich,
wunderte sich
der Wunsch, die Wünsche
wün|schen, er/sie wünscht,
wünschte
er wur|de (→ werden)
der Wurf, die Würfe
der Wür|fel, die Würfel
der Wurm, die Würmer

die **Wurst,** die Würste
das **Würst|chen,** die Würstchen
die **Wur|zel,** die Wurzeln
wür|zen, er/sie würzt, würzte
er **wusch** (→ waschen)
sie **wusch ab** (→ abwaschen)
er **wuss|te** (→ wissen)
die **Wüs|te,** die Wüsten
die **Wut**
wü|tend
WWW *(Abkürzung für englisch* ***W****orld* ***W****ide* ***W****eb)*

X

die **X-Bei|ne**
x-bei|nig
das **Xy|lo|fon,** die Xylofone *(ein Musikinstrument)*

Y

das **Yak,** die Yaks *(eine asiatische Rinderart)*
das **Yo|ga** *(Übungen für Körper und Geist, ursprünglich aus Indien)*
das **Yp|si|lon,** die Ypsilons

Z

zäh
die **Zahl,** die Zahlen
zah|len, er/sie zahlt, zahlte
zäh|len, er/sie zählt, zählte
das **Zahl|wort,** die Zahlwörter
zahm *(↔ wild)*
der **Zahn,** die Zähne
der **Zahn|arzt,** die Zahnärzte
die **Zahn|ärz|tin,** die Zahnärztinnen
die **Zahn|bürs|te,** die Zahnbürsten
die **Zahn|pas|ta**

die **Zahn|span|ge,** die Zahnspangen
die **Zan|ge,** die Zangen
sich **zan|ken,** er/sie zankt sich, zankte sich
das **Zäpf|chen,** die Zäpfchen
der **Zap|fen,** die Zapfen
zap|peln, er/sie zappelt, zappelte
zart
zart|lich *(↔ grob)*
die **Zärt|lich|keit**
der **Zau|be|rer,** die Zauberer
die **Zau|be|rin,** die Zauberinnen
zau|bern, er/sie zaubert, zauberte
der **Zaun,** die Zäune
das **Ze|bra (Zeb|ra),** die Zebras
der **Ze|bra|strei|fen (Zeb|ra|strei|fen),** die Zebrastreifen
die **Ze|cke,** die Zecken
der **Zeh,** die Zehen
zehn
das **Zei|chen,** die Zeichen
zeich|nen, er/sie zeichnet, zeichnete
die **Zeich|nung,** die Zeichnungen

zei|gen, er/sie zeigt, zeigte
der **Zei|ger,** die Zeiger
die **Zei|le,** die Zeilen
die **Zeit,** die Zeiten
das **Zeit|al|ter,** die Zeitalter
die **Zeit|schrift,** die Zeitschriften
die **Zei|tung,** die Zeitungen
die **Zel|le,** die Zellen
das **Zelt,** die Zelte
die **Zen|sur,** die Zensuren *(Schulnote)*
der **Zen|ti|me|ter** *(Längenmaß, z. B. 12 Zentimeter)*
der **Zent|ner** *(Gewichtsangabe für 50 Kilogramm)*
das **Zen|trum (Zent|rum),** die Zentren
das **Zep|ter,** die Zepter *(Herrscherstab)*
sie **zer|brach** (→ zerbrechen)
zer|bre|chen, er/sie zerbricht, zerbrach
zer|brech|lich
er **zer|bricht** (→ zerbrechen)
zer|rei|ßen, er/sie zerreißt, zerriss
sie **zer|riss** (→ zerreißen)
zer|ris|sen (→ zerreißen)

A B C D E F G H I J K L M N O P Q R S T U V W X Y **Z**

zer|stö|ren, er/sie zerstört, zerstörte
der Zet|tel, die Zettel
das Zeug
der Zeu|ge, die Zeugen
die Zeu|gin, die Zeuginnen
das Zeug|nis, die Zeugnisse
die Zie|ge, die Ziegen
der Zie|gel, die Ziegel
zie|hen, er/sie zieht, zog
das Ziel, die Ziele
zie|len, er/sie zielt, zielte
ziem|lich
zier|lich *(↔ wuchtig, groß)*
die Zif|fer, die Ziffern
der Zi|geu|ner, die Zigeuner *(Menschengruppe der Sinti und Roma; der Begriff wird als Beleidigung empfunden und sollte deshalb nicht verwendet werden)*
die Zi|geu|ne|rin, die Zigeunerinnen
das Zim|mer, die Zimmer
der Zimt
das Zinn *(ein Metall)*
die Zip|fel|müt|ze, die Zipfelmützen
der Zir|kel, die Zirkel
der Zir|kus, die Zirkusse
zi|schen, er/sie zischt, zischte
die Zi|tro|ne (Zit|ro|ne), die Zitronen
zit|tern, er/sie zittert, zitterte
die Zit|ze, die Zitzen
er zog (→ ziehen)
sie zog an (→ anziehen)
er zog aus (→ ausziehen)
sie zog um (→ umziehen)
zö|gern, er/sie zögert, zögerte
der Zoo, die Zoos
der Zopf, die Zöpfe
der Zorn
zor|nig
zu
zu En|de
zu Hau|se
zu viel
zu we|nig
züch|ten, er/sie züchtet, züchtete
der Zu|cker
zu|cker|süß
zu|de|cken, er/sie deckt zu, deckte zu
zu|erst

der Zu|fall, die Zufälle
zu|frie|den
die Zu|frie|den|heit
der Zug, die Züge
der Zü|gel, die Zügel
zu|gu|cken, er/sie guckt zu, guckte zu
das Zu|hau|se
der Zu|hö|rer, die Zuhörer
die Zu|hö|re|rin, die Zuhörerinnen
die Zu|kunft
zu|künf|tig *(↔ vergangen)*
zu|las|sen, er/sie lässt zu, ließ zu
zu|letzt
zum
die Zun|ge, die Zungen
zup|fen, er/sie zupft, zupfte
zur
zu|rück
zu|ru|fen, er/sie ruft zu, rief zu
zu|sam|men
zu|sam|men|sto|ßen, er/sie stößt zusammen, stieß zusammen
zu|schau|en, er/sie schaut zu, schaute zu
der Zu|schau|er, die Zuschauer
die Zu|schau|e|rin, die Zuschauerinnen
die Zu|tat, die Zutaten
zu|ver|läs|sig
er zwang (→ zwingen)
der Zwang, die Zwänge
zwan|zig
zwei
der Zwei|fel, die Zweifel
zwei|feln, er/sie zweifelt, zweifelte
der Zweig, die Zweige
zwei|mal
der Zwerg, die Zwerge
der Zwie|back, die Zwiebäcke/Zwiebacke
die Zwie|bel, die Zwiebeln
der Zwil|ling, die Zwillinge
zwin|gen, er/sie zwingt, zwang
zwin|kern, er/sie zwinkert, zwinkerte
zwi|schen
zwi|schen|durch
zwölf
der Zy|lin|der, die Zylinder
Zy|pern

Rund um das Wort

Buchstaben und Laute:

Die Buchstaben A/a, E/e, I/i, O/o und U/u sind **Vokale**.
Alle anderen Buchstaben des Alphabets sind **Konsonanten**.
Umlaute sind Ä/ä, Ö/ö und Ü/ü.
Zwielaute sind Au/au, Äu/äu, Ei/ei, Eu/eu und ai.

Wortbausteine und Silben:

Wörter einer Wortfamilie haben den gleichen **Wortstamm**:
einschlafen, der Tiefschlaf, der Schlafsack, ausgeschlafen

Es gibt Wörter mit einer oder mehreren **Silben**. In jeder Silbe ist ein König (Vokal, Umlaut oder Zwielaut):
Buch kau fen Was ser ei mer

Wörter können aus **Wortbausteinen** zusammengesetzt werden: verstehen, Vorfreude, freundlich, Geheimnis, ...

Es gibt **Vorsilben**: Vorfahrt, vergessen, unglaublich, Absprung, beschenken, entführen, ...

Und es gibt **Nachsilben**. Wörter mit den Nachsilben ung, heit, keit, nis und schaft sind Nomen: Achtung, Freiheit, Eitelkeit, Geheimnis, Freundschaft, ...
Wörter mit den Nachsilben ig, lich, bar, los, sam, isch und haft sind Adjektive: lustig, freundlich, dankbar, sorglos, mühsam, kindisch, fabelhaft, ...

Wortarten:

Es gibt unbestimmte **Artikel**: ein, eine und bestimmte Artikel: der, die, das.

Adjektive beschreiben genau.
In der Grundform haben sie keine Endung: groß, klein, schön
Wenn sie zwischen Artikel und Nomen stehen, bekommen sie eine Endung an den Wortstamm:
die kleine Maus, ein großer Hund, ein schönes Kind
Mit Adjektiven kannst du vergleichen:
Aila ist so groß wie Mesut. (Grundstufe)
Tina ist größer als Mesut. (1. Vergleichsstufe)
Karl ist am größten. (2. Vergleichsstufe)

Mit **Bindewörtern** können Sätze verknüpft werden:
Die Kinder kommen **und** spielen. – Sina weint, **weil** sie traurig ist.

Nomen bezeichnen Menschen, Tiere, Pflanzen, Dinge, Gefühle und Gedanken. Nomen haben einen Artikel und können in der Einzahl oder in der Mehrzahl stehen. Nomen werden großgeschrieben. ein Auto – die Autos, die Idee – die Ideen

Ein **Pronomen** kann ein Nomen ersetzen:
Der Junge spielt. **Er** gewinnt. – Tina freut sich. **Sie** lacht.

Verben können in der Grundform oder in einer Personalform stehen. Die Endung richtet sich danach, wer etwas tut: reiten: ich reite, du reitest, er reitet, wir reiten, ihr reitet, sie reiten
Verben können in verschiedenen Zeitformen stehen.
Gegenwart: ich male, ich renne
1. Vergangenheit: ich malte, ich rannte
2. Vergangenheit: ich habe gemalt, ich bin gerannt
Zukunft: ich werde malen, ich werde rennen

Passende Ausdrücke:

Eine Erzählung wird lebendiger und ein Sachtext wird genauer, wenn du passende Ausdrücke verwendest.

In einem **Wortfeld** kannst du Wörter mit ähnlicher Bedeutung sammeln.
gehen: laufen, stapfen, kriechen, wandern, bummeln, umherirren, ...
machen: herstellen, tun, arbeiten, anfangen, erledigen, bauen, beenden, zubereiten, ...
sagen: rufen, flüstern, meinen, berichten, schimpfen, murmeln, quasseln, prahlen, ...
froh: glücklich, entzückt, freudestrahlend, selig, heiter, fröhlich, vergnügt, ...
schrecklich: schlimm, böse, gruselig, gefährlich, erschreckend, gemein, übel, ...

Verwende treffende und abwechslungsreiche **Satzanfänge, Zeit- und Ortsangaben**.
Satzanfänge: zuerst, dann, zum Schluss, schließlich, nun, jetzt, anschließend, ...
Zeitangaben: gestern, heute, neulich, jetzt, morgen, abends, immer, nie, manchmal, ...
Ortsangaben: hier, dort, dahinten, davor, über, links, rechts, darunter, ...

Du kannst manche Dinge mit **Sammelnamen** zusammenfassen: Kleidung, Obst, Sportarten, ...